Weil es uns angeht

Das Wachstum der Weltbevölkerung
und die Deutschen

Weil es uns angeht

Das
Wachstum der Weltbevölkerung
und die Deutschen

Herausgegeben von der Deutschen Stiftung Weltbevölkerung

Balance Verlag 1995

Die Deutsche Bibliothek – CIP-Einheitsaufnahme

Weil es uns angeht - Das Wachstum der Weltbevölkerung und die Deutschen / hrsg. von der Deutschen Stiftung Weltbevölkerung. - Hannover : Balance-Verl., 1995
ISBN 3-930406-05-5
NE: Deutsche Stiftung Weltbevölkerung

Veröffentlicht im Balance Verlag Hannover, 1995

Umschlaggestaltung: Sunderdiek & Buschke, Hannover
Typografie: Irmgard Maxbauer
Printed in Germany
ISBN 3-930406-05-5

Vorwort

Bereits ein Jahr nach der (aus-)wegweisenden Kairoer Weltbevölkerungskonferenz erlahmen in Deutschland die Initiative und die Bereitschaft, zur Umsetzung der – allseits befürworteten – Beschlüsse der Kairo-Konferenz beizutragen. Um solchem Erlahmen entgegenzuwirken, hat die Deutsche Stiftung Weltbevölkerung, Hannover, (DSW) das vorliegende Buch herausgegeben. Es enthält im ersten Teil Beiträge von bekannten Persönlichkeiten zu der ihnen von der DSW gestellten Frage, warum aus ihrer Sicht uns in Deutschland die starke Bevölkerungszunahme in anderen Teilen der Welt etwas angeht. Der zweite Teil ist eine Einführung in die Thematik Weltbevölkerungswachstum.

Den AutorInnen gebührt herzlicher Dank dafür, daß sie auf Bitten der DSW zu dem Buch beigetragen haben. Dadurch, daß sie ausnahmslos auf ein Autorenhonorar verzichtet haben, tragen sie auch dazu bei, daß mit Erlösen aus dem Buchverkauf ein Jugendprojekt der Deutschen Stiftung Weltbevölkerung gefördert werden kann. Projektpartner vor Ort ist eine hervorragende Selbstinitiative von Heranwachsenden, die sich unter fachlicher Betreuung einer einheimischen DSW-Fachkraft dafür engagieren, daß sie und ihre AltersgenossenInnen Zugang zu Sexualaufklärung und Familienplanungsdienstleistungen erhalten. Der Name dieser äthiopischen Nichtregierungsorganisation ist zugleich ein Appell: »*Save Your Generation*«.

Hannover, im November 1995

Dr. Hans Fleisch
Geschäftsführer der Deutschen Stiftung Weltbevölkerung

Inhalt

Vorwort 5

Sabine Christiansen
Betroffen sind auch die Kinder 9

Uschi Eid
Warum geht mich das Thema Weltbevölkerung etwas an? 11

Heiner Geißler
Der demographische Wandel und die Folgen 15

Helga Henselder-Barzel
Cabbage and condoms – Bevölkerungswachstum und Ernährungssicherheit 19

Franz Kamphaus
Weniger Menschen durch weniger Armut 25

Siegfried Lenz 27

Angela Merkel
Die Menschheit wächst, die Erde nicht. Was geschieht? 31

Christa Randzio-Plath
Auf die Frauen kommt es an 35

Nafis Sadik 37

Helmut Schmidt
Wir müssen unsere eigene deutsche Politik ändern 43

Gerhard Schröder
Im Mittelpunkt steht der Mensch 53

Rolf Seelmann-Eggebert
Armutszeugnis 57

Heinz Sielmann
Wir alle können helfen 59

Rita Süssmuth
Aufgabe gerade von Frauen 61

Klaus Töpfer
Politik für eine nachhaltige Entwicklung 65

Günter Verheugen
Unmittelbare Beeinträchtigung unserer Interessen 71

Ernst Ulrich von Weizsäcker
Weltbevölkerung: Ein Konsumproblem 75

Rainer Münz, Ralf Ulrich
Zu viele Menschen?
Dimensionen, Ursachen und Folgen 81

Literatur 135

Biografien 141

Sabine Christiansen

Betroffen sind auch die Kinder

Die Folgen des Weltbevölkerungswachstums sind für die ganze Menschheit ohne Zweifel von großer Bedeutung. Darüber besteht weitgehend Einigkeit. Auch über Strategien zur Lösung des Problems konnte mit der Kairoer Weltbevölkerungskonferenz ein breiter Konsens erzielt werden.
Weit schwieriger gestaltet sich aber die praktische ›Umsetzung‹ der Kairo-Beschlüsse.
Es geht dabei nicht zuletzt um den Beitrag der Industrienationen zur Finanzierung des Kairo-Plans: Ein Drittel der Kosten sollen sie den Kairo-Beschlüssen zufolge übernehmen, der Rest soll von den Entwicklungsländern selbst getragen werden.
Für den deutschen Anteil heißt dies unter anderem: Die Ausgaben für Förderung der Familienplanung in armen Ländern müssen auf knapp vierhundert Millionen DM pro Jahr angehoben werden, das entspricht ungefähr vier Prozent des derzeitigen Entwicklungshilfe-Etats. Das ist nicht ausreichend, aber notwendig – und auch finanzierbar, wie die Subventionierung von technischen Großprojekten mit Entwicklungshilfegeldern zeigt.
Anders als aber bei Großprojekten, an denen deutsche Firmen unmittelbar verdienen, ist für die Motivation zur Förderung von bevölkerungspolitischen Anstrengungen noch eine enorme Aufklärungsarbeit in Deutschland zu leisten. Das ist nicht zuletzt Aufgabe von JournalistInnen. Es gilt zu verdeutlichen, daß Hilfeleistungen für das Wohlergehen von Menschen in armen Ländern ›Investitionen‹ sind, die sich für alle auszahlen. Und daß Beiträge zur Verwirklichung des anerkannten Menschenrechts auf Familienplanung und andere Förderungen für Frauen und Mädchen

eine wesentliche Voraussetzung für die Steigerung der Gesundheit und Lebensqualität in armen Ländern und zur Bewahrung von Lebensqualität weltweit sind.
UNICEF schätzt, daß jede dritte Schwangerschaft in den Entwicklungsländern nicht nur ungeplant, sondern auch ungewollt ist. Frauen, die zu jung oder zu alt für eine Geburt sind oder zu viele Kinder in zu kurzen Abständen zur Welt bringen, sterben häufig bei der Geburt oder leiden ihr Leben lang an bleibenden gesundheitlichen Schäden. Solche Risiko-Schwangerschaften gefährden nicht nur die Gesundheit und die Entwicklungsmöglichkeiten der Mädchen und Frauen. Betroffen ist zumeist auch das Wohlergehen des Kindes.
Frauen, die ihr Menschenrecht auf Familienplanung ausüben können, haben bessere Entwicklungschancen und können bessere Mütter sein. Sie bringen weniger und in der Regel gesündere und später besser betreute Kinder zur Welt. Weniger ungewollte Schwangerschaften tragen außerdem zur Dämpfung des Weltbevölkerungswachstums bei und verbessern damit die Chancen für eine menschenwürdige Zukunft. Nicht zuletzt deshalb engagiert sich auch UNICEF für Familienplanung – als Teil eines umfassenden Sozialprogramms, das das Wohlergehen von Frauen und Kindern in den Mittelpunkt stellt.
Im ersten ›UNICEF-Bericht zum Fortschritt der Nationen‹ heißt es zu den erforderlichen Mittelerhöhungen für Familienplanung in Entwicklungsländern: »Wenn soviel für soviele Menschen zu so geringen Kosten und mit so großen Vorteilen für den gesamten Planeten erreicht werden kann – dann wäre ein Versagen dabei, allen Menschen Familienplanung zugänglich zu machen, der kostenträchtigste Fehler des zwanzigsten Jahrhunderts.« Schon darum kann es mir nicht gleichgültig sein.

Uschi Eid

Warum geht mich das Thema Weltbevölkerung etwas an?

Nun, allein schon deswegen, weil auf dem rund 357000 Quadratkilometer kleinen Fleck Deutschland über 81 Millionen Menschen leben und – mag ich mich auch noch so anstrengen – ich überall einigen von ihnen begegne; kein Wunder, bei durchschnittlich 228 Menschen pro Quadratkilometer. Jeder Versuch, am Sonntag einen Waldspaziergang mutterseelenallein in der Einsamkeit zu genießen, schlägt fehl! Langläufer, Pilzesucher, Spaziergängerinnen, Radfahrerinnen ... überall Menschen! Meine Freunde aus Eritrea, einem Land, in dem durchschnittlich 26 Menschen je Quadratkilometer wohnen, oder meine Freunde aus Namibia, wo noch nicht einmal 2 Menschen, sondern nur 1,9 auf einem Quadratkilometer wohnen, fühlen sich durch die vielen Menschen hier immer bedrängt und eingeengt.
Es ist eng auf der Erde, und trotzdem versuchen manche unserer Gesellschaftspolitiker und -politikerinnen deutsche Erwachsene im reproduktionsfähigen Alter zu überzeugen, mehr Kinder zu bekommen – aus langfristigen sozial-ökonomischen und – dies in der Regel eher versteckt – auch aus völkisch-nationalen Gründen. Daß die 81 Millionen Deutschen, die 15 Millionen Holländer, die 57 Millionen Franzosen, die 57 Millionen Italiener, die 58 Millionen Engländer ... aufgrund eines ressourcenvernichtenden hohen Konsumstandards – auf der Basis einer energieverschwenderischen Produktionsweise – langfristig eine unerträglich hohe Belastung für unsere Erde darstellen, wird dabei unterschlagen. Daß diese umweltzerstörende Lebensweise der Menschen im Norden der Mehrheit im Süden die Überlebenschance schmälert oder sogar gänzlich nimmt, ist mittlerweile eine

Binsenweisheit – leider ohne ernstzunehmende politische Konsequenzen in den Machtmetropolen der Industrienationen. Das Problem des Bevölkerungswachstums, das es in vielen Ländern des Südens unbestreitbar gibt, kann langfristig nur durch deren Entwicklung gelöst werden. Diese Entwicklung muß nachhaltig und ökologisch verträglich sein. Voraussetzung ist jedoch eine Umverteilung des Reichtums und die Akzeptanz des Nordens für Veränderungsprozesse bei uns, damit der Süden eine Entwicklungschance hat.

Die Perspektive, unter der hierzulande in der Regel über ›Weltbevölkerung‹ diskutiert wird, ist oft einseitig und somit falsch: Zum einen wird das Thema fast ausschließlich in den Kontext von Armut in Afrika, Asien und Lateinamerika gestellt; mehr noch, das Bevölkerungswachstum gilt als eine wesentliche Ursache der Massenarmut. Genau diesem Trugschluß gilt es entgegenzutreten. Das hohe Weltbevölkerungswachstum ist nur ein Teil der globalen Menschheitsprobleme. Es muß in engem Zusammenhang mit den ungerechten Weltwirtschaftsbeziehungen, der Verschuldensproblematik, der globalen Umweltkrise, der Armut im Süden, den unverantwortlich handelnden politischen Führungsschichten und vor allem der ungleichen Teilhabe der Frauen an gesellschaftlich-zivilisatorischen Einrichtungen und Prozessen gesehen werden.

Zum anderen wird das Thema häufig unter der Fragestellung abgehandelt: »Wie kann ich dem Wachstum der Weltbevölkerung um täglich 250 000 Erdenbürger Einhalt gebieten?« Ich meine, daß dies die falsche Herangehensweise ist. Anstatt demographische Planziele zur Senkung der weltweiten Fruchtbarkeitsrate vorzugeben, die Frauen zu Objekten der Bevölkerungskontrolle machen, ist die Stärkung der Entscheidungsmacht und der Handlungs- und Kontrollfähigkeit von Frauen Kernstück einer sachadäquaten Bevölkerungspolitik. Wenn Frauen teilhaben an Existenz- und Alterssicherung, an Gesundheitsvorsorge und Bildung, wenn sie Zugang haben zu Wissen über Körper und Sexualität sowie zu nicht gesundheitsgefährdenden Verhütungsmitteln, so ist dies der richtige Weg hin zur selbstbestimmten Geburtenplanung. Bevölkerungspolitik muß im Einklang mit den Menschenrechten stehen, und dazu gehört auch das Recht, die eigene Kinderzahl und die Geburtenabstände selber zu bestimmen. Bevölkerungspolitische Maßnahmen, die lediglich auf Empfängnisverhütung und Familienplanung setzen und nicht an den Bedingungen der Armut ansetzen, sind langfristig wirkungslos und daher abzulehnen.

Heiner Geißler

Der demographische Wandel und die Folgen

In einer Reportage des SPIEGEL wurde vor kurzem folgendes Szenario entwickelt: »Es werden Horden von Elenden sein, die in Booten über das Mittelmeer kommen, über die Straße von Gibraltar oder am Bosporus immer weiter nach Norden drängen. Haß und Angst lodern ihnen entgegen von denen, die dort schon leben, Spanier oder Franzosen, Italiener und Deutsche. Städtische Slumlandschaften, drangsaliert von tagtäglichen Verbrechen, werden weite Räume Südamerikas überwuchern. In Afrika, südlich der Sahara toben mörderische Fehden um Wasser, das nur noch wenigen zur Verfügung steht und um Feuerholz, das kaum noch aufzutreiben ist. In Asien sammeln sich die Ströme von Analphabeten und Arbeitslosen, die in plündernden Banden über das Land ziehen. So kann es zugehen auf dieser Erde, wenn sie ein Pferch geworden ist, wenn nicht mehr gut fünf Milliarden Menschen diesen Planeten bevölkern, wie noch im Jahre 1993, sondern rund zwölf Milliarden oder vielleicht vierzehn und wenn die Welt soviele nicht mehr aushalten kann.« Nun muß es zwar so mörderisch nicht kommen, aber immerhin haben wir uns angewöhnt, bei der Diskussion dieses Themas bereits von einer ›B-Bombe‹ zu sprechen, wie der amerikanische Anthropologe Paul Ehrlich diese Bedrohung genannt hat. Und diese Bedrohung übertrifft an Aktualität, aber auch an Zukunftsbedrohung alles, was wir bisher an Problemen erörtert haben. Daß eine Spezies des Lebens die andere einmal angreift, wenn sie sich unmäßig vermehrt, ist nicht neu. Aber wie der Berner Philosophieprofessor Thomas Kesselring einmal gesagt hat: »Einmalig dagegen ist, daß eine Spezies durch ihr starkes Wachstum, nämlich die Menschen, nicht nur die eigene Existenz, sondern die Existenz der Biosphäre, also des Lebens insgesamt gefährdet.« Das ist in der Tat die Wahrheit. Diese ›B-Bombe‹ ist der Treibsatz für alle anderen Probleme, für die Nahrungsnot, die Verseuchung des Wassers und die Belastung der Atmosphäre, für die Zerstörung der Böden und für den Raubbau an den Wäldern.

Ein Grund für das rapide Wachstum der Weltbevölkerung liegt ganz sicher darin, daß in vielen Ländern der Dritten Welt Kinder immer noch der sozialen Absicherung der Eltern und Großeltern dienen. Eine andere Komponente sind die miserablen Bildungszustände gerade für Frauen in der Dritten Welt, denn Bildung und Kinderzahl sind voneinander abhängig. 81 Millionen Mädchen sind ohne Ausbildung und Aufklärung und zwei Drittel der 960 Millionen Analphabeten sind Frauen. Wir wissen aus lateinamerikanischen Studien, daß die Geburtenrate der Frauen, die keine Schule besucht haben, dreimal höher ist, als die Quote der Schulabsolventinnen. Auch der mindere Sozialstatus zählt – das ist keine Überraschung – ebenfalls zu den wesentlichen Triebkräften. Was wir an Deklassierung, Demütigung, Verachtung und frauenspezifischer Verfolgung auf der ganzen Welt erleben, schreit zum Himmel. Überall dort, wo Frauen unterdrückt werden, ist die Kinderzahl besonders groß, besonders im Sudan, im Iran und Irak, in Indien, in Afghanistan und in Saudi-Arabien.

Auch die Verteilung der Bevölkerung auf der Erde ist ein wichtiger Aspekt. Bereits im Jahre 2025 werden 85 Prozent der Erdbevölkerung auf der Südseite leben: Junge Menschen, hungrige Menschen. Man kann heute innerhalb von zwanzig Minuten mit einem Windsurfbrett die Straße von Gibraltar überqueren und passiert damit gleichzeitig auch die Armutsgrenze zwischen Europa und dem Rest der Welt. Diese jungen Menschen wissen aufgrund des Massentourismus und durch die Telekommunikationsmittel wie man wo gut leben kann. Die Vorboten einer modernen Völkerwanderung klopfen an die Türen unserer Sozialämter. Wenn wir auf diese Entwicklung nicht angemessen reagieren, werden diese Leute nicht mehr an die Türen klopfen, sondern an unsere Türen pochen, an ihnen rütteln und eines Tages werden sie diese Türen einschlagen. Niemand sollte glauben, daß die globale Revolution vor den Toren Europas halt machen wird. Zur Überwindung der Migrationsursachen brauchen wir dringend eine Änderung unserer Außenwirtschaftspolitik. Die sogenannten *Terms of Trade*, die Austauschrelationen im Welthandel, haben sich für die Entwicklungsländer deutlich verschlechtert. Die GATT-Verhandlungen sind ein typisches Beispiel dafür. Daß die EG den Import von Bananen zuungunsten der lateinamerikanischen Länder erschwert hat und die Tatsache, daß dieselbe EG aus Kolumbien Millionen Tonnen von Kohle einführt, wo in Bergwerken kleine Kinder für gerade neun Mark pro Woche, zum Teil ausbezahlt in Rauschmitteln, hunderte von schweren Kohlesäcken herausholen müssen, ist ein moralischer Skandal und fast schon kriminelle Politik. Das kann nicht akzeptiert werden. Wir müssen eine Entschuldung der Länder der Dritten Welt weiter vorantreiben, wie sie der ermordete Vorstandsvorsitzende der Deutschen Bank, Alfred Herrhausen, schon vor Jahren gefordert hat und wie sie bereits in Gang gesetzt wurde. Es ist ein unhaltbarer Zustand, daß jede Woche 250 000 Kinder unter fünf Jahren verhungern, weil sie nichts zu essen haben oder daß Hunderte Millionen Menschen auf der ganzen Welt hungern müssen. Wenn wir unsere Weltordnung anders organisieren würden, wenn nicht Kriege oder auch unfähige Bürokraten die Versorgung in diesen Ländern behinderten – auch in Ländern, die noch fruchtbar genug sind, um ihre Bevölkerung zu ernähren – wäre dieses Problem zu lösen. Erhebliche Mengen der Nahrungsmittelproduktion werden nämlich erst auf den Transportwegen von Schädlingen und Krankheiten oder durch Rattenfraß –

wie in Indien und Afrika – vernichtet. Auch die Energiefrage und die Rohstoffverteilung ist ein weiteres wichtiges Thema. Auf den Konferenzen in Rio und Berlin ist eine weltweite nachhaltige Entwicklung gefordert worden. Aber sie setzt eben eine radikale Verkürzung des volkswirtschaftlichen Stoffstromes insgesamt voraus. Wir werden das nur durch eine ökologische Steuerreform erreichen, indem wir unsere natürlichen Ressourcen wie Energie und Rohstoffe besteuern. Außerdem ist die Verschleuderung eines der wichtigsten Güter der Welt, das immer knapper wird – des Wassers – ein Skandal. Wir brauchen neue Wasserstrategien, vor allem in den Industrieländern, die zu einem sparsameren Umgang mit Wasser und zur Vermeidung von Wasserverschmutzung führen müssen. In den Entwicklungsländern selber hat die Bereitstellung einwandfreien Trinkwassers und angepaßter sanitärer Einrichtungen Priorität.
In China und Indien gibt es sogenannte Taoisten, verwandt mit den griechischen Zetetikern, die erkannt haben, daß die für sie höchste Tugend, nämlich Gelassenheit, nur zu erreichen ist, wenn man ›Wu-Wei‹ praktiziert: Das Nichthandeln. Dies darf angesichts der vielen anstehenden Probleme aber nicht zur Maxime der Politik werden. Wir müssen vielmehr ein Konzept entwickeln, welches die Ursachen für Bevölkerungsexplosion und Migration wirksam bekämpft, indem es die Lebensbedingungen der Menschen vor Ort verbessert, und das wir Schritt für Schritt in die Tat umsetzen.

Auszüge aus einer Rede für die Deutsche Stiftung Weltbevölkerung im Jahre 1993

Helga Henselder-Barzel

Cabbage and condoms – *Bevölkerungswachstum und Ernährungssicherheit*

Zwischen Ernährungssicherheit und Bevölkerungswachstum gibt es einen unmittelbaren Zusammenhang: Immer mehr Menschen brauchen immer mehr Nahrungsmittel, Arbeitsplätze, landwirtschaftliche Nutzflächen, Brennholz, Wasser, Energie, Wohnraum, Straßen, Verkehr und Industrialisierung. Immer mehr Menschen verursachen immer mehr Umweltzerstörung mit entsprechender Rückwirkung auf die Zerstörung landwirtschaftlicher Nutzflächen. Die derzeitige Umweltzerstörung durch hohe CO_2/Ozonemissionen verantworten zehn Prozent der Weltbevölkerung in den westlichen Industrieländern. Sie verbrauchen jährlich durch ihren Verschwendungskonsum achzig Prozent der Weltressourcen. Eine Übertragung dieses Lebensstils auf acht oder zwölf Milliarden Menschen vernichtet die ökologische Tragfähigkeit der Erde. Ihre Sicherung muß aber absoluten Vorrang vor allen anderen Entscheidungen haben. Damit sind folgende Fragen zu beantworten: Wieviel Menschen kann die Erde ernähren, ohne daß ihre ökologische Tragfähigkeit überschritten wird? Wird die Nahrungsmittelerzeugung mit dem starken Bevölkerungswachstum Schritt halten können? Wird die Menschheit in der Lage sein, die jetzige landwirtschaftliche Erzeugung in den nächsten zwanzig Jahren zu verdoppeln? Können die notwendigen Arbeitsplätze bis zum Jahre 2020 geschaffen werden, damit die dann acht Milliarden Menschen sich auch ihre Nahrungsmittel kaufen können?
Heute ist Hunger und Unterernährung eine Frage der nationalen wie internationalen Einkommensverteilung und der

mangelnden Kaufkraft der Armen. Aber diese sogenannte Verteilungsfrage wurde bis heute nicht gelöst: Zwei Milliarden Menschen haben ein tägliches Einkommen von unter einem Dollar, 800 Millionen Menschen hungern, über eine Milliarde Menschen sind chronisch unter- und fehlernährt. Die Kluft zwischen arm und reich nimmt in den Entwicklungsländern wie im Weltmaßstab in erschreckendem Maße zu.

In den nächsten zwanzig Jahren wird die Ernährungssicherheit nicht nur durch die mangelnde Kaufkraft, sondern zusätzlich durch folgende landwirtschaftliche Engpaßfaktoren gefährdet: Boden-, Wasser-, Energie- und Kapitalknappheit und durch fehlenden technischen Fortschritt in der Agrarforschung, insbesondere in dem Bereich Pflanzenproduktion. Der neue ›Super-Reis‹ ist noch nicht auf dem Markt. Aber Ernährungssicherheit wäre damit noch nicht gewährleistet. Dies setzt voraus, daß auch die Subsistenzlandwirtschaft und die Kleinbauern die neue Reissorte anbauen. Dies erfordert intensive landwirtschaftliche Beratung und entsprechende Kaufkraft für die notwendigen Betriebsmittel. Beides fehlte in der Vergangenheit.

Ohne die Lösung dieser Probleme sind eine weltweite Verknappung der Nahrungsmittel und zunehmende Hungerkatastrophen nicht mehr auszuschließen. Dafür sprechen folgende landwirtschaftliche Entwicklungen:

- Der Mehrzahl der Entwicklungsländer gelang es nicht, ihre Nahrungsmittelerzeugung dem Bevölkerungswachstum anzupassen. Der Storch war schneller als die Nahrungsmittelerzeugung und die Schaffung von Arbeitsplätzen und damit Einkommen. Dies gilt speziell für die ärmsten Entwicklungsländer mit hohem Bevölkerungswachstum. Armut und Bevölkerungswachstum fallen stets zusammen.
- In 64 von 115 Entwicklungsländern ist die pro-Kopf-Nahrungsmittel-Erzeugung rückläufig.

- Seit 1984 wuchs die Weltgetreideproduktion nur noch um ein Prozent und damit halb so schnell wie die Zahl der Menschen.
- Die Nettobewässerungsfläche wächst langsamer als die Weltbevölkerung. Die zusätzliche Ernährung von 1,5 Milliarden Menschen war in den letzten zwanzig Jahren im wesentlichen nur durch die Zunahme der Nettobewässerungsflächen möglich. China, Ägypten, Pakistan, Indien, Südkorea, Israel und Japan erzeugen mehr als die Hälfte ihrer Nahrungsmittel auf Bewässerungsflächen.
- Seit 1990 expandiert die Nutzfläche der Weltlandwirtschaft nicht mehr.
- Seit 1988 sinken weltweit die Hektarerträge für Reis und Weizen, den Grundnahrungsmitteln des größten Teils der Menschheit.
- Circa sechs bis sieben Millionen Hektar landwirtschaftlicher Nutzfläche werden durch Versalzung, Versteppung und Übernutzung zerstört, ohne daß gleichzeitig entsprechende neue Nutzflächen erschlossen würden.
- In Südostasien – wo die Mehrheit der Menschheit lebt – werden ab dem Jahr 2000 die Bodenreserven erschöpft sein. Die Erhöhung der Erzeugung kann dann nur noch über die Erhöhung der Flächenproduktivität erfolgen mit allen negativen ökologischen Konsequenzen.
- In Indien wird die Ernährungssicherheit von der FAO ab dem Jahr 2000 als kritisch eingestuft.
- In Afrika wird bei einer Verdoppelung der Bevölkerung bis zum Jahre 2010 und der jetzigen Agrartechnologie die Selbstversorgungsquote weiter dramatisch absinken.

Die Entwicklungsländer müßten die jährliche Nahrungsmittelerzeugung um mindestens fünf Prozent erhöhen, um die wachsende Bevölkerung zu ernähren und die Qualität ihrer Ernährung insgesamt, auch der jetzt Hungernden, zu verbessern. Dies gelang der Mehrzahl der Entwicklungslän-

der, vor allen den afrikanischen, in den letzten Jahren nicht. Die Weltgetreideernte wird nach jüngsten Schätzungen der FAO 1995 um zwanzig Millionen Tonnen zurückgehen. Damit ist nach Ansicht der FAO der zu erwartende gesamte Weltverbrauch nicht mehr zu decken. Gleichzeitig sinken die Weltnahrungsmittelreserven unter das von der FAO für notwendig gehaltene Mindestniveau, das eine globale Ernährungssicherheit gewährleistet.
Bei einer Verknappung des Nahrungsmittelangebotes wird in Zukunft noch mehr als in der Vergangenheit die verfügbare Kaufkraft darüber entscheiden, wieviel Millionen Menschen verhungern werden.
Eine Umkehr dieser Situation ist nur durch eine massive Erhöhung der Investitionen in die Landwirtschaft, in die Agrarforschung, in landwirtschaftlichen Beratungsdiensten, in Umweltschutz und Armutsbekämpfung und durch Familienplanung erreichbar.
Die erste Welternährungskonferenz, die 1974 nach der letzten Welthungerkrise stattfand, forderte eine jährliche Steigerung der Nahrungsmittelerzeugung von vier Prozent und Maßnahmen gegen die Bevölkerungsentwicklung und jährliche Investitionen von fünf Milliarden Dollar im Agrarbereich. Wir wissen, daß dies vor allem in den ärmsten Ländern mit starkem Bevölkerungswachstum nicht geschah. Die Strukturen, die in den ärmsten Ländern für Hunger verantwortlich sind, wurden in den letzten zwanzig Jahren nicht beseitigt.
Wie in der Vergangenheit, so scheint auch heute der politische Wille zur Umkehr zu fehlen. Obwohl der Sozialgipfel von Kopenhagen die Armut und die soziale Desintegration als zentrales Sicherheitsrisiko für den Weltfrieden identifizierte, waren weder die Industrieländer bereit, zwanzig Prozent der Entwicklungshilfe, noch die Entwicklungsländer bereit, zwanzig Prozent ihrer Haushaltsmittel für Ernährungs-

sicherung und Familienplanung zur Verfügung zu stellen. Das Bevölkerungswachstum ist ein entscheidendes Entwicklungshemmnis, wenn es das Wirtschaftswachstum ›auffrißt‹. Trotzdem wurde das Bevölkerungswachstum von den politisch Verantwortlichen nicht als wirtschaftliche und soziale Herausforderung begriffen. Weder die Familienplanung noch die Landwirtschaft waren Schwerpunkte der nationalen Entwicklungsstrategie der Entwicklungsländer noch der bi- und multilateralen Entwicklungshilfe. In seinem elften Bericht 1994 warnte das *World Watch Institute*, daß bereits jetzt, mit 5,8 Milliarden Menschen, die ökologische Tragfähigkeit überschritten sei, und daß die Weltbevölkerung nicht mehr damit rechnen könne, von der Landwirtschaft ausreichend ernährt zu werden. Deshalb ist die Familienplanung zur Ernährungssicherheit unverzichtbar.

Die thailändische Partnerorganisation der Deutschen Welthungerhilfe PDA (*Population and Community Development Association*) führt seit 1974 erfolgreiche Familienplanungsprogramme in Thailand durch. Mit ihrer Politik *cabbage and condoms*, Einkommensverbesserung und Familienplanung, erreichte sie den Konsens und die Unterstützung der Bevölkerung. Heute hat Thailand mit 1,5 Prozent die niedrigste Geburtenrate aller Entwicklungsländer und einen entsprechenden kontinuierlichen Anstieg des Bruttosozialproduktes. Südkorea und Singapur zeigen ebenfalls, daß Verbesserung der Einkommen und Senkung der Geburtenrate sich gegenseitig bedingen.

Handeln ist notwendig. Die Frage, die wir heute beantworten müssen, ist, was geschehen wird, wenn wir nicht jetzt endlich handeln? Wird es Kriege geben um Wasser, Boden, Nahrungsmittel? Werden in den Megastädten Millionen Menschen ohne Aussicht auf Arbeit und Nahrung hoffnungslos dahinvegetieren? Wird die Gewalt unvorstellbare Ausmaße annehmen, werden die Hungernden und Verzweifelten sich in einer Völkerwanderung auf den Weg in die Staaten mit Nahrungsüberschüssen machen? Werden die Satten auf das Heer der Hungernden schießen, oder werden die Hungernden in ihrer Verzweiflung gar die Atombombe einsetzen, wie Bertrand Russel vermutete? Exponentiell ins Chaos oder Eine Welt für alle? Das ist die Herausforderung und die Alternative, vor der die Menschheit in Nord und Süd heute steht. Noch können wir handeln. Aber werden wir handeln – das ist die eigentliche Frage.

Kondome lösen das Armutsproblem alleine nicht, aber die Ernährungssicherung einer wachsenden Weltbevölkerung ist ohne Familienplanung nicht möglich. Die Alternative dazu heißt: Massenhunger.

Franz Kamphaus

Weniger Menschen durch weniger Armut

Armut ist zentraler Grund und zugleich Folge des immer stärkeren Bevölkerungswachstums. In diesen Teufelskreis ist auch die Umwelt hineingerissen. Mehr Menschen: Das führt zu mehr Raubbau auf den Ackerböden (wesentlich auch durch Herbizide und Pestizide), in den Wäldern (Brennholz) und bei den Wasserreserven. Armut und Umweltzerstörung treiben sich wechselseitig in die Höhe. Sie verstärken die Wanderungsbewegungen der Menschen ohne Arbeit und Einkommen, sie fördern die gesellschaftliche und politische Instabilität. Nicht wenige Konflikte und Kriege sind unter anderem in diesem Zusammenhang zu sehen (vergleiche Ruanda).

Nicht zuletzt führt das überhöhte Bevölkerungswachstum heute faktisch zu einer rasanten Metropolisierung, zu den sogenannten Megastädten (mehr als vier Millionen Einwohner), die jedes menschliche Maß und jedes soziale Gefüge sprengen. Im Jahr 2000 werden etwa 45 Prozent der Bevölkerung des Südens (über zwei Milliarden Menschen) in Städten wohnen, davon die Hälfte in Millionenstädten. Die Slums breiten sich krebsartig aus; schon lebt etwa die Hälfte der Stadtbevölkerung in solchen Elendsvierteln. Sie sind Herde von Krankheiten, sozialen Konflikten und Kriminalität. Hunderttausende von ›Straßenkindern‹ verwahrlosen elternlos auf der Straße. Sie sind kein ›Kindersegen‹, sondern ein Skandal, der zum Himmel schreit. Man kann nicht von ihrer Geburt sprechen, ohne die gnadenlosen Hypotheken zu bedenken, mit denen sie lebenslänglich belastet sind.

Es wäre Unrecht, wollte man den Ländern des Südens die ganze Verantwortung für diese Entwicklung anlasten nach dem Motto: Der unbeherrschte Zeugungsdrang der ›Dritten

Welt‹ bedroht die Umwelt und die ganze Menschheit. Solche Sündenbockstrategien sind nur allzuleicht als Ablenkungsmanöver zu durchschauen. Nicht allein Armut und Unterentwicklung führen zu schädlichen Übergriffen auf die Natur, sondern an erster Stelle die Art des Wirtschaftens und der Lebensstil in den Industrienationen. Die Menschen in den Industrienationen verbrauchen 85 Prozent der gesamten Holzproduktion und verursachen bis zu 80 Prozent der Schadstoffbelastungen in der Atmosphäre, über 80 Prozent des Ozonkillers FCKW. Das darf nicht vertuscht werden. Sicher verschärft das schnelle Bevölkerungswachstum die Krise. Aber andere Faktoren sind daran in weit größerem Maße beteiligt: Die überzüchtete Bedürfnissteigerung in unserer reichen Konsumgesellschaft ebenso wie Korruption und Mißwirtschaft der Eliten und ihrer gegen die Armen gerichteten Regime in vielen Ländern des Südens, die Abschottung des Nordens auf dem Weltmarkt ebenso wie die verheerenden Folgen ethnischer Auseinandersetzungen zum Beispiel in Ruanda, ganz zu schweigen vom schmutzigen Geschäft der Reichen mit den Waffen und von der mangelnden Bereitschaft, die Schuldenkrise ernsthaft anzugehen. Die enge Verflechtung der Probleme zeigt, daß wir alle in die Pflicht genommen sind. In einem Meer von Armut, Unterentwicklung und Umweltzerstörung läßt sich keine Insel des Wohlstandes halten. Gerade angesichts der globalen Gefahren zeigt sich, daß es weder nur um die ›Erste‹ noch nur um die ›Zweite‹ oder ›Dritte Welt‹ geht; es geht um die Eine Welt. Jeder Provinzialismus im Denken und Handeln bleibt unter dem Niveau der gemeinsamen Verantwortung für ein menschenwürdiges Zusammenleben auf der Erde.

Siegfried Lenz

Wo sich heute auch etwas ereignet: Wir werden zu Mitwissern. Wo etwas in Scherben fällt, wo Mächtige Krieg gegen das eigene Volk führen, wo Heuschrecken einfallen, Delphine Marinedienst leisten, Verträge signiert und Politiker von Politikern geküßt werden: Wir sind dabei, wir entgehen nicht der Mitwisserschaft. Und fast täglich nehmen wir Augenschein am Elend, am Elend in den Slums, in den Zonen des Hungers, am Elend in den großen Deltas. Wir glauben uns im Bilde. Gespickt von Information, sagen wir uns, daß die Erde kleiner geworden ist. Sie ist in der Tat kleiner geworden. Wir haben Anlaß zu der Frage: Wieviel trägt und erträgt er noch, der alte, der ramponierte Planet, und wenn wir an den Frieden denken, zu dem ja auch Sattsein und Warmsein gehören: Wie vielen wird, angesichts der Explosion der Weltbevölkerung, die Hoffnung auf ein friedsames Leben bleiben?

Eingedenk der Endlichkeit der Ressourcen und die Zeit vor Augen, in der sich die Weltbevölkerung verdreifacht haben wird, erscheint es mir nicht als ausgeschlossen, daß der Friede bedroht sein könnte durch Ereignisse, die Lenin, doch nicht nur er allein, ›gerechte Kriege‹ genannt hat. Die Herausforderung für alle ist unübersehbar. Wie kann uns ein Krieg als gerecht oder unvermeidlich oder gar als heilig vorkommen, wenn wir im voraus wissen, daß viele sterben müssen. Kein Ziel – um das unmißverständlich zu sagen, das ist meine Überzeugung –, das den gewaltsamen Tod von Mitmenschen rechtfertigt, auch kein sogenanntes großes heiliges Ziel, das Herrschende ausrufen, um die Vernunft zu dispensieren.

Doch wenn wir schon zur Kenntnis nehmen müssen, daß die Möglichkeit eines sogenannten ›gerechten Krieges‹ gedacht wird – und es könnte nur ein Krieg um Brot sein, ums

Sattwerden –, dann müssen wir uns beizeiten, nämlich heute, mehr als besorgt zeigen. Um dem sozialen Elend, das auf Milliarden von noch Ungeborenen wartet, als Konfliktquelle entgegenzuwirken, muß heute gehandelt werden.
Als ich geboren wurde, lebten zwei Milliarden Menschen auf der Welt, heute sind es über fünf Milliarden, und um die Jahrtausendwende werden es – nach einem Bericht des amerikanischen Büros für Bevölkerungsstatistik – über sechs Milliarden sein. Daß Milliarden der nächsten Generation nicht damit rechnen können, eine bescheidene Genugtuung in der Arbeit zu finden, kann als sicher gelten. Aber wenn sie schon nicht die Zufriedenheit finden werden, die aus der Arbeit kommt, so werden sie doch genötigt sein, zu essen. Da heute schon Millionen Hungers sterben: Welche Nahrungsquellen sollen zusätzlich erschlossen werden, damit der Hungertod von Milliarden abgewendet werden kann?
Und wenn es Nahrungsmittel genug geben sollte: Woher soll die Energie kommen, um, schlicht gesagt, das Essen zu kochen am Nil, am Ganges, in brasilianischen oder philippinischen Slums? Schließlich kann ich auch nicht die nächste Frage unterdrücken: Welche absehbaren Folgen für die Erdatmosphäre wird der gigantische Energieverbrauch haben? Fragen, die uns nicht friedlich stimmen können. Wir werden den Frieden nicht gewinnen, wenn wir nicht bereit sind, uns des Elends der Dritten Welt anzunehmen, des gegenwärtigen und des noch furchtbareren in der Zukunft.
Daß eine neue Weltwirtschafts- und auch Sozialordnung dazu beitragen könnte, das Elend zu lindern, ist wohl wahr; von gleicher Bedeutung aber scheint mir ein bevölkerungspolitisches Aktionsprogramm, das unumgänglich ist, wenn wir uns auf diesem engen Planeten eine friedliche Zukunft teilen wollen. Bevölkerungsprobleme – darin stimmen Experten überein – sind nicht Ursache, sondern Begleiterscheinungen der Unterentwicklung. Diese Probleme zu lösen, stößt

auf Schwierigkeiten mannigfacher Art. Eine der subtilsten Schwierigkeiten liegt im religiösen Glaubensbekenntnis. Es ist klar: Wenn sich Geburtenkontrolle und Familienplanung als unentbehrliche Maßnahmen anbieten, um der Bevölkerungsexplosion Herr zu werden, ist ein Konflikt mit religiösen Geboten vorgegeben. Sie sind ein Teil unserer Kultur. Sie bestimmen unser Verhältnis zu Ehe und Familie und regulieren den Alltag ebenso, wie sie die Notwendigkeit der spirituellen Welt bestätigen. Der Widerspruch ist evident. Wie läßt sich ein bevölkerungspolitisches Programm verwirklichen, ohne daß religiöse Glaubenssätze und Wertvorstellungen aus der Welt kommen oder an lebensregulierender Kraft einbüßen?

Daß Glaubenssätze auslegbar sind, wissen wir; selbst einige Suren des Koran sind erstaunlich auslegbar; doch das – die Interpretierbarkeit von Normen und Wertvorstellungen – wird ein globales Programm nicht ins Werk setzen können. Entscheidend ist die Zustimmung der Oberhäupter aller Weltreligionen.

Die Teilnehmer stimmen darin überein, die Entwicklung der Weltbevölkerung als eine der größten Herausforderungen dieser Zeit anzusehen. Verständnis und Einverständnis sind aber nicht genug; was wir brauchen, ist eine neue Politik, die diese ersten Erkenntnisse und Übereinstimmungen aufnimmt, eine wahrhaft ökumenische Politik. Wir brauchen sie nun, denn ihre Wirkung, das läßt sich errechnen, wird mit einer Verzögerung von Jahrzehnten eintreten. Friedenswilligkeit: Hier, vor diesem Problem, läßt sie sich beweisen. Die Schöpfung stirbt langsam. Sie muß nicht im atomaren Blitz untergehen, der die Ozeane zum Kochen, die Gebirge zum Schmelzen bringt. Sie kann an unserer Verachtung der Schöpfung und an unserem Egoismus zugrunde gehen. Mit Appellen ist nichts zu erreichen, wir kennen ihr Elend, ihre Wirkungslosigkeit. Wenn überhaupt, dann kann nur eine tatkräftige und phantasievolle Politik etwas ändern, die bereit ist, sich zunächst den Wirkungsraum zurückzuholen, den Wirtschaft und Industrie ihr abgenommen haben. Es gibt kein Abonnement auf die Ewigkeit, und es gehört nicht einmal viel Phantasie dazu, sich die Erde unbelebt vorzustellen, von Staub bedeckt, den kalte Winde vor sich hertreiben. Ein Grabstein für diese Zeit könnte die Inschrift tragen: Jeder wollte das Beste – für sich.

Auszüge aus einer Rede im Jahre 1995

Angela Merkel

Die Menschheit wächst, die Erde nicht. Was geschieht?

Biologen kennen so etwas von Bakterienkulturen in Petrischalen: Irgendwann ist der Punkt erreicht, wo sie an ihren eigenen Stoffwechselprodukten zu Grunde gehen. Das System kippt um.

Als 1971 der Bericht des *Club of Rome* unter dem Titel »Die Grenzen des Wachstums« erschien, entwickelten die Autoren zwei Untergangsszenarien: Entweder würden sich die nichterneuerbaren Ressourcen erschöpfen, Energie und Nahrungsmittel zu Ende gehen oder die begrenzte Aufnahmekapazität der Umwelt für Schadstoffe würde sich erschöpfen. Seither sind 25 Jahre vergangen. Saurer Regen, Ozonloch und Klimagefahren wurden entdeckt und zeigen uns, daß das zweite Krisenszenario das wahrscheinlichere ist. Während sich für knapper werdende Ressourcen bislang noch immer Ersatz fand, stellen die ›Stoffwechselprodukte‹ der Menschheit für das Leben auf der Erde zusehends eine Bedrohung dar.

Der ›Stoffwechsel‹ des Menschen umfaßt die gesamte Wirtschaftstätigkeit und ist mit chemischen Umwandlungsprozessen ungeheuren Ausmaßes verbunden. Zumindest in Deutschland sind wir heute dazu in der Lage, Giftstoffe weitgehend zu vermeiden oder effektiv herauszufiltern. Darüber hinaus stellt aber auch die Umwandlung eigentlich ganz harmloser Stoffe auf Grund der großen Mengen, in denen sie anfallen, eine ökologische Bedrohung dar: Zum Beispiel das Kohlendioxid aus unseren Kraftwerken, Fabriken, Heizungen und Auspuffrohren, von dem wir vor zehn Jahren noch nicht einmal wußten, daß es das Weltklima gefährdet.

Circa 5,7 Milliarden Menschen leben heute auf der Erde. Jeder einzelne von ihnen benötigt Nahrung, Kleidung und Wohnung. Einige wenige aber, insbesondere die etwa eine Milliarde Menschen in den Industriestaaten, haben zusätzlich die Angewohnheit, mit dem Auto zu fahren, mit Flugzeugen zu reisen, ihren Proteinbedarf durch den Verzehr von Fleisch zu decken und große, beheizte Wohnungen zu belegen.

80 Prozent des Weltrohstoffverbrauchs und 75 Prozent des Weltenergieverbrauchs entfielen deshalb im Jahr 1990 auf die Industrieländer, in denen nur knapp 20 Prozent der Weltbevölkerung lebten. Als Folge davon betrugen zum Beispiel die Pro-Kopf-Emissionen des Klimagases CO_2 1990 in Deutschland mit 12,3 Tonnen das 15-fache, in den USA mit beinahe 20 Tonnen das 25-fache des Wertes für Indien (0,8 Tonnen). Solche Fakten machen deutlich, daß nicht allein die Anzahl der Menschen für die Belastung unserer Umwelt ausschlaggebend ist, sondern in erster Linie die Art und Weise, wie diese Menschen leben, welche Güter sie konsumieren und wie sie diese Güter produzieren. Aus diesem Grunde gibt es für die Weltbevölkerung aus ökologischer Sicht keine absolute Obergrenze, wohl aber die Forderung, daß die Menschen so wirtschaften, daß sich die von ihnen genutzten Ressourcen regenerieren können und zur Nutzung durch künftige Generationen erhalten bleiben. Menschliches Wirtschaften darf die Zukunft nicht verbauen, es muß in Verantwortung für kommende Generationen geschehen, es muß – dem internationalen Sprachgebrauch folgend – *sustainable* sein.

Es gibt Ressourcen, die von der Menschheit gemeinsam genutzt werden. Dazu gehören das Klima und die genetische Vielfalt tausender von Tier- und Pflanzenarten, die zum Teil vom Aussterben bedroht sind, bevor die Wissenschaft sie überhaupt entdeckt hat. Zu beiden Themen wurden 1992 in Rio de Janeiro auf der Weltkonferenz für Umwelt und Entwicklung Konventionen unterzeichnet.

Die Unterzeichner der Klimarahmenkonvention und der Konvention über die biologische Vielfalt verpflichteten sich dazu, entsprechend ihren jeweiligen landesspezifischen Gegebenheiten einen Beitrag zur Erhaltung dieser Weltressourcen zu leisten.
In den Industrieländern liegt der Schwerpunkt der Anstrengungen auf der Überwindung verschwenderischer Konsum- und Produktionsmuster. Wir müssen die Effizienz unseres ›Stoffwechsels‹ mit der Natur erhöhen, unseren Energie-, Material- und Flächenverbrauch je Konsumeinheit deutlich zurückschrauben. Sicherlich werden wir auch – wo dies nicht möglich ist – auf ein Stück unseres Konsums verzichten müssen.
Zugleich tragen die Industrieländer eine Mitverantwortung dafür, daß die Weichen in den Entwicklungsländern in Richtung auf eine umweltschonende Ressourcenbewirtschaftung gestellt werden. In diesem Rahmen spielt natürlich auch die Bevölkerungsentwicklung eine wichtige Rolle.
Wer sich mit Bevölkerungsfragen befaßt, der lernt jedoch rasch, daß es sich dabei nicht um eine isolierte Größe, sondern um einen herausragenden Indikator für die Gesamtentwicklung handelt, um einen *sustainability*-Indikator. In Ländern, wo Frauen über die Zahl ihrer Kinder in Freiheit selbst entscheiden, wo nicht mangelnde Informationen, Versorgungsängste und gesundheitliche Risiken zu einem an sich ungewollten Kinderreichtum führen, dort bestehen auch die Voraussetzungen für eine zukunftsfähige Ressourcenbewirtschaftung.
Familienplaner und Ökologen treffen sich deshalb in der gemeinsamen Forderung, Menschen in allen Ländern in die Lage zu versetzen, Verantwortung für die Generation ihrer Kinder zu übernehmen.

Christa Randzio-Plath

Auf die Frauen kommt es an!

Wir leben in einer Welt.
»Wir sind die Welt, wir Frauen«, singen Frauen im südlichen Afrika. Sie wie andere Frauen im Süden sind Täterinnen und Opfer von Unterentwicklung, Umweltzerstörung und unkontrolliertem Bevölkerungswachstum. Sie stecken in dem Teufelskreis von Kindern und Küche, von Hunger und Flucht, von Unwissenheit und Angst vor dem Überleben. Die Weltfrauenkonferenzen der Vereinten Nationen von Mexiko, Kopenhagen, Nairobi und Peking belegen den Verantwortungswillen und die Ohnmacht zwischen Bevölkerungswachstum und Armut, ohne daß ihnen die Macht gegeben wird, etwas zu ändern. Deswegen ist geteilte Macht in Gesellschaft, Wirtschaft und Politik der Schlüssel zur Bekämpfung von Unterentwicklung und Planung der Bevölkerungsentwicklung. Jede Frau wünscht schließlich, daß es allen ihren Kindern gut geht. Solange aber eine Investition in ein Mädchen als unnütz gilt, wird sich nichts ändern. Bevölkerungsplanung wird nur dann erfolgreich sein können, wenn sie mit den Menschen, nicht gegen sie gemacht wird.
Die Abtreibung weiblicher Föten, Mädchentötung, geschlechtsspezifische Selektionen, Mitgiftmorde, Witwenverbrennungen sind Ausdruck einer männlich dominierten Welt, nicht Mittel oder Ziel von Bevölkerungsplanung. 10,5 Kinder bringt die afrikanische Frau in Gokwe zur Welt, einer trockenen Region in Simbabwe. 500 traditionelle Hebammen konnten dort in Zusammenarbeit mit der Oberschwester Nemapare qualifiziert werden. Seitdem sind die Mütter- und Säuglingstode zurückgegangen. Seitdem wird über Empfängnisverhütung und Kondome in den Dörfern geredet. Von 6,3 auf 2,8 Kinder sind die Geburten auf Java gefallen.

Lusi, eine aktive Landfrau aus Klaten, ist stolz; denn sie arbeitet in einem Ziegenprojekt und hat jetzt das Geld, ihre Tochter auf eine weiterführende Schule zu schicken. Ihr wie den anderen Frauen ist klar: Wir wollen Kinder, aber Kinder, denen wir die Chance auf Bildung und Ausbildung geben können, die wir nicht hatten. So wird Familienplanung von unten ein Erfolg.

Die Weltbevölkerungskonferenz Kairo 1994 hat verdeutlicht, daß die Gleichstellung der Frau, Entwicklung und Überwindung von Armut und Hunger unauflöslich miteinander verbunden sind. Die Geringschätzung der Frau führte zu ihrer Marginalisierung und damit zur Verbreitung von Vorstellungen und Verhaltensweisen, die Frauen jedes Selbstbestimmungsrecht versagt haben. Damit wird strukturelle Gewalt verfestigt, die eine der Ursachen eines unkontrollierten Weltbevölkerungswachstums ist.

Ein Glaubenskrieg in der Familienplanung bedroht alle. Deswegen muß die Nord-Süd-Zusammenarbeit stärker als bisher pragmatischen Fortschritt beim Zugang zu sicheren und erschwinglichen Verhütungsmethoden fördern und gleichzeitig zur Bildung und Ausbildung beitragen. Die Mehrheit der in absoluter Armut lebenden Menschen lebt in Südasien und in Afrika. Wir sind gefordert, den Skandal eines sinkenden gesellschaftlichen und finanziellen Engagements zu beenden. Die Armen von heute können die Armutsflüchtlinge von morgen sein.

Nafis Sadik

Während der letzten fünfzig Jahre haben wir in den Vereinten Nationen gelernt, daß die Welt, die wir unseren Kindern hinterlassen, besser sein kann, als die, in die wir hineingeboren wurden. Die weltweiten Diskussionen, Debatten und Aktionen des letzten halben Jahrhunderts haben uns die Vision einer besseren Zukunft vermittelt, einer Welt ohne Krieg und Not und ohne die alltägliche Gewalt. Es ist noch eine ferne Vision, eine, die schwer zu verwirklichen sein wird. Aber unsere Erfolge haben uns mit Zuversicht erfüllt, daß diese Möglichkeit besteht.

Der Übergang von der theoretischen Diskussion zur praktischen Umsetzung hat dazu geführt, daß die Aufmerksamkeit auf die soziale und wirtschaftliche Entwicklung gelenkt wurde. Gesundheit, Bildung, Gleichheit der Geschlechter und die Rolle der Frau in der Gesellschaft werden als Grundlagen jeder erfolgreichen, friedlichen Gesellschaft angesehen. Dies sind heute die vorrangigsten Ziele der internationalen Gemeinschaft.

Wir können diesen Prozeß bei der Behandlung des Bevölkerungsproblems beobachten, der allen Ländern eine große Sorge bereitet. Die Weltbevölkerung beträgt gegenwärtig 5,7 Milliarden, und diese Zahl steigt jährlich um mehr als 86 Millionen, zum großen Teil in den Entwicklungsländern. Je nachdem, wie die internationale Gemeinschaft auf die Herausforderungen des Bevölkerungswachstums und der wirtschaftlichen Entwicklung in den nächsten Jahren reagiert, erwartet man für das Jahr 2050 eine Zahl von 7,9 bis 12,9 Milliarden.

Die Zahl der Bevölkerung war eines der ersten Themen, das von den Vereinten Nationen im Jahre 1945 aufgegriffen wurden. Aber es dauerte nahezu 25 Jahre, bis man sich darauf einigte, daß endlich gehandelt werden mußte. Ein Ergebnis dieser Gespräche war die UNFPA, der *United Nations Population Fund* (Bevölkerungsfond der Vereinten Nationen), der letztes Jahr sein 25-jähriges Jubiläum feierte.

UNFPA war eine der ersten Organisationen der UN, die nationale und internationale NGO's förderte, weil sie den Wert ihrer speziellen Kenntnisse, ihren innovativen Ansatz und ihre Erfahrungen vor Ort kannte. Eine weitere wichtige Rolle der UNFPA bestand darin, die internationale Debatte über die Rolle des Bevölkerungswachstums bei der Entwicklung zu fördern. Die Debatte war von einer Reihe internationaler Konferenzen über die Bevölkerungsentwicklung gekennzeichnet, die im Jahre 1974 begannen und in der ›Internationalen Konferenz über Bevölkerung und Entwicklung‹ (ICPD) gipfelten, die letztes Jahr in Kairo stattfand. Es war die erfolgreichste Versammlung dieser Art in der Geschichte der Vereinten Nationen. Es war ein Meilenstein in der Geschichte der internationalen Diskussion und Handlung im Bereich der sozialen Entwicklung.

Der ICPD ist es gelungen, das Thema der Bevölkerungsentwicklung mit der Diskussion über die Armut, die Umwelt, die Menschenrechte, die Gesundheit, die Bildung und den Status der Frauen zu verbinden. Das Problem der Bevölkerungsentwicklung wird heute als untrennbar mit diesen Fragen angesehen. Die ICPD hat gezeigt, daß Maßnahmen der Geburtenkontrolle wesentlich für den Erfolg sind – aber sie hat auch bewiesen, daß wir die Bevölkerungszahl nur dann erfolgreich begrenzen können, wenn diesbezügliche Bemühungen Teil einer Gesamtanstrengung sind, die Armut auszurotten, die Menschenrechte zu schützen, die Gesundheit und Bildung zu fördern und die Stellung der Frauen zu verbessern.

Die ICPD hat in all diesen Bereichen eine Übereinstimmung erzielt und mit einem umfangreichen und konkreten Aktionsprogramm begonnen, um diesen Konsens in eine praktische Realität umzusetzen. Dieses Aktionsprogramm setzt sich vehement für die Rechte und Ziele des individuellen Menschen ein. Das bedeutet, daß wir in die Menschen investieren müssen, insbesondere in Gesundheit und Bildung, und daß wir uns für die Gleichberechtigung von Mann und Frau einsetzen müssen.

Das Programm erkennt an, daß die Gleichberechtigung und Chancengleichheit der Frauen ein wichtiges Ziel an sich ist und ein Weg zur Verbesserung der Lebensqualität eines jeden Menschen. Ohne die volle Gleichberechtigung der Frauen gibt es keine stabile Entwicklung. Die Gleichberechtigung der Frau ist deshalb ein wichtiger Bestandteil dieses Aktionsprogramms. Zum allerersten Mal wird die Gleichberechtigung der Frau als Eckstein der nationalen und internationalen Bevölkerungs- und Entwicklungspolitik anerkannt.

Die Konferenz von Kairo hat in allen Bereichen der Bevölkerungspolitik und der Menschenrechte neue Wege erschlossen. Das Aktionsprogramm geht jedoch über die Familienplanung und Geburtenkontrolle hinaus und sieht die Familienplanung aus einem umfassenderen Blickwinkel, als Teil der Gesundheitsfürsorge. Die Konferenz von Kairo hat noch einmal das grundlegende Menschenrecht aller Paare und Individuen betont, frei und verantwortlich über die Zahl ihrer Kinder zu entscheiden und über die Informationen, die Bildung und die Mittel zu verfügen, dies zu tun.

Das Aktionsprogramm unterstreicht die Schlüsselrolle, die die Männer spielen, um die Gleichheit der Geschlechter herbeizuführen. Es fördert Maßnahmen, um die Männer dazu zu bringen, Verantwortung in Fragen der Sexualität und der Reproduktion zu übernehmen, einschließlich Familienplanung und Elternschaft. Das Dokument betont ebenfalls, daß die Männer die Beteiligung der Frauen an dieser Entwicklung tolerieren und ermutigen müssen.

Die Ziele des Aktionsprogramms können nur dann erreicht werden, wenn ausreichende finanzielle Mittel zur Verfügung stehen. Neue und zusätzliche finanzielle Investitionen in den Bereichen »reproduktive Gesundheit« inkl. Familienplanung sind erforderlich, sowie in den entsprechenden Bereichen des sozialen Sektors. Das Aktionsprogramm gibt eine Schätzung der für ein umfassendes Paket der Gesundheitsfürsorge notwendigen finanziellen Mittel. Für die Entwicklungsländer und die Länder, deren Wirtschaft sich im Übergangsstadium befindet, werden bis zum Jahr 2015 schätzungsweise insgesamt 21,7 Milliarden Dollar pro Jahr für Zwecke der reproduktiven Gesundheit ausgegeben.
Um dieses Ziel zu erreichen, haben wir bereits von einer Reihe von Geberländern eine großzügige finanzielle Unterstützung erhalten, insbesondere von Japan, Großbritannien, den Vereinigten Staaten und ganz besonders von Deutschland. Die Delegierten der Internationalen Bevölkerungs- und Entwicklungskonferenz in Kairo waren angenehm überrascht über die Ankündigung, daß Deutschland seinen finanziellen Beitrag um zusätzliche fünfzig Millionen Mark pro Jahr aufgestockt hatte. Es war ein bewegender Moment, einer, der die Zweifler verstummen ließ und die Konferenz mit Zuversicht erfüllte, daß die Welt es tatsächlich schaffen würde, die finanziellen Mittel aufzubringen, die für dieses Aktionsprogramm notwendig sind.
Für die Fachleute im Bereich der Bevölkerungsentwicklung war es keine so große Überraschung, obwohl man auch hier erstaunt war, als das Ausmaß des Engagements und der Großzügigkeit Deutschlands bekannt wurde. Bereits seit langer Zeit spielt Deutschland bei dem Einsatz für bevölkerungspolitische Anstrengungen eine führende Rolle in Europa und der Welt. Deutschland hat die Bedeutung dieses Problems und seinen zentralen Zusammenhang mit der Entwicklungspolitik früher begriffen als die meisten und war

– wieder einmal – schneller als die anderen mit seiner Entscheidung, etwas zu unternehmen.
Aber die wahre Wirkung der Konferenz wird sich erst auf nationaler Ebene in den Entwicklungsländern erweisen. Auf dieser Ebene gibt es bereits eine große Zahl von Aktivitäten. Abgesehen von Maßnahmen, die dazu dienen, das allgemeine Problembewußtsein zu heben, sind zahlreiche Länder dabei, ihre gegenwärtige Politik zu überprüfen, um sicherzustellen, daß sie mit den Empfehlungen von Kairo übereinstimmt. In einigen Ländern ist man bereits dabei, die Institutionen entsprechend umzustrukturieren. Mexiko hat seine Programme zur Förderung der Gesundheit von Müttern und Kindern mit den Programmen zur Familienplanung zusammengelegt und in die Hände eines hochrangigen Ministers für Bevölkerungspolitik gelegt. Brasilien hat einen Rat für Bevölkerung und Entwicklung gegründet, der dafür sorgt, daß nichtstaatliche Organisationen und Gemeindegruppen an der Formulierung von Bevölkerungs- und Entwicklungsinitiativen beteiligt werden.
Indonesien hat Konferenzen organisiert, an denen nichtstaatliche Organisationen, Ministerien der Regierung, nationale Experten, regionale Planer und örtliche Fachleute teilnehmen, um die Bevölkerungspolitik mit dem Aktionsplan in Einklang zu bringen. Ägypten hat einen Ausschuß gegründet, um die nationale Bevölkerungspolitik mit den Empfehlungen des ICPD abzustimmen.
Dies sind nur ein paar von zahlreichen Beispielen der Zusammenarbeit staatlicher Behörden mit nichtstaatlichen Organisationen, die im Zuge der ICPD in Angriff genommen wurde. Nichtstaatliche Organisationen arbeiten jetzt in einigen Dutzend Ländern. Gemeindeorganisationen, medizinische Gesellschaften, wissenschaftliche Institute, Gesellschaften zur Familienplanung, Kirchen, Frauengruppen, Jugendorganisationen, Gewerkschaften, Müttervereinigungen und

eine Vielzahl anderer Sozialdienstorganisationen setzen sich für die Durchführung des Aktionsprogrammes ein.
Als Reaktion auf das neue Engagement hat die UNFPA sich bemüht, die Partnerschaft mit nichtstaatlichen Organisationen zu fördern und die Voraussetzungen zu schaffen, unter denen diese neue Beziehung sich entwickeln kann. Wir werden alles tun, was in unserer Macht steht, um die Regierungen dabei zu unterstützen, ihre Zusammenarbeit mit nichtstaatlichen Organisationen auszuweiten und zu stärken. Angesichts des unschätzbaren Beitrags, den die nichtstaatlichen Organisationen zum Konsens des ICPD geleistet haben, und ihrer unverzichtbaren Rolle bei der Durchsetzung des Aktionsprogramms ist nichts wichtiger.
Zu einem Zeitpunkt, da sich viele Länder immer mehr ihren eigenen Problemen zuwenden, ist es von allergrößter Bedeutung, daß wir uns der Welt öffnen. Denn die Zukunft der Welt ist unsere gemeinsame Zukunft.

Helmut Schmidt

*Wir müssen unsere eigene deutsche Politik ändern**

Ich habe eben das Wort Bevölkerungsexplosion benutzt, und ich will zunächst einmal diese Wortwahl begründen. Es handelt sich in meinen Augen tatsächlich um einen Vorgang, der dieses Wort verdient. Zur Zeit von Jesus von Nazareth haben auf der Welt ungefähr 200 Millionen Menschen gelebt. Anschließend hat die Menschheit neunzehn Jahrhunderte gebraucht, um die Zahl der auf der Welt lebenden Menschen zu verachtfachen. Am Beginn des 20. Jahrhunderts, im Jahre 1900, haben auf der Welt 1600 Millionen Menschen gelebt, 1,6 Milliarden. Als ich zur Schule kam, 1925, waren es bereits 2 Milliarden. Heute sind es etwa 5,6 Milliarden. Im Jahre 2000, am Ende dieses Jahrhunderts, werden wir über sechs Milliarden sein – eine Vervierfachung der Menschheit in einem einzigen Jahrhundert! Gegenwärtig kommen jedes Jahr 94, 95, 96 Millionen dazu, das ist mehr als die Bevölkerung Deutschlands.

Die ganze Dynamik – ich wiederhole mich – liegt fast ausschließlich in der Dritten Welt, in den Entwicklungsländern. Es zeichnet sich an manchen Orten der Welt heute schon eine der Konsequenzen dieser Bevölkerungsexplosion ab, nämlich Wanderungsströme von Millionen von Menschen. Grob können Sie diese Wanderungsströme in zwei Kategorien einteilen. Die erste Kategorie sind die Migrationen innerhalb der jeweiligen Landesgrenzen. Die zweite Kategorie der Migrationsströme sind die grenzüberschreitenden Wanderungsströme, wo die Menschen nicht innerhalb ihres Staates bleiben, sondern in das nächste Land oder das übernächste oder das drittnächste Land wandern, von einem Entwicklungsland in das andere, von ärmeren Entwicklungsländern

in nicht ganz so arme Entwicklungsländer oder – ganz generell gesprochen – von ärmeren Teilen der Welt in die reicheren Teile der Welt.
Für das 21. Jahrhundert muß man, ohne vom Pessimismus befallen zu sein – das nächste Jahrhundert, das ist ja ganz dicht bei, nur noch fünf Jahre, dann sind wir bereits im 21. Jahrhundert –, in zunehmender Zahl mit bewaffneten Konflikten, mit Kriegen rechnen, die ihre letzte Ursache in regionaler Überbevölkerung haben werden – so in Schwarzafrika, so in Teilen Südasiens und so in Teilen Lateinamerikas. Keiner kann im Augenblick sagen – da gibt es vielerlei Studien, alle interessant, aber letzten Endes nicht schlüssig –, wie viele Milliarden Menschen letztlich – bei weiterem technischen Fortschritt – die Erde ernähren und ertragen kann. Das weiß man im Augenblick nicht. Wohl aber weiß man, daß sowohl Umweltzerstörung, die zum Teil auch eine Folge von Überbevölkerung ist, als auch insbesondere Hunger die wichtigsten Gründe sind, die bisher und heute Millionen von Menschen dazu bewegen, ihren gewohnten, angestammten Lebensraum zu verlassen. Diese Zahlen werden zunehmen. Dabei gibt es noch einen Aspekt, den ich – wiederum ohne zum Pessimismus zu neigen – wenigstens erwähnen muß: Es kann auch Verzweiflung massenhafte Fluchtbewegungen auslösen. Das muß nicht eintreten, das kann aber eintreten. Ich kann mir verschiedene Orte oder Gegenden der Welt vorstellen, wo so etwas denkbar ist.
Nun haben die Staaten der Welt unter dem Dach der *United Nations* sich im Laufe der letzten zwanzig Jahre mehrfach mit den hier angedeuteten Problemen beschäftigt – nicht nur aus moralischen, sondern durchaus und zu Recht auch aus politischen Gründen. Eine Reihe von Weltkonferenzen zu diesem Komplex hat es gegeben, die eine Reihe von Problemen, Definitionen, Erkenntnissen zutage gefördert haben. Lassen Sie mich erwähnen, daß es heute vor 21 Jahren in

Bukarest die erste *World Population Conference* gegeben hat und dann eine Reihe von Konferenzen ähnlicher Art. Sie werden sich erinnern – es ist noch nicht so lange her –, daß es 1992 in Rio de Janeiro die *United Nations Conference on Environment and Development* gegeben hat. Oder Sie werden sich erinnern, daß es voriges Jahr in Kairo die *International Conference on Population and Development* gegeben hat. Sie haben vor ein paar Tagen in der Zeitung gelesen, daß es in Kopenhagen eine Konferenz gab, ein *World Summit for Social Development*. Das sind in Wirklichkeit alles nur verschiedene Aspekte desselben Problemkomplexes. Und dann soll es in diesem Jahr in Peking noch eine Konferenz geben – alles dieselben Aspekte. Da fahren die Staatsmänner hin, für ein oder zwei Tage, jeder liest zehn Minuten seine Rede vor, und dann fahren sie nach Hause. Ich weiß, wovon ich spreche.
Gleichwohl sind diese Art von Konferenzen nicht völlig nutzlos, weil sie eine Reihe von Menschen zwingen, sich mit den dort erörterten Problemen und den dort zutage geförderten Erkenntnissen auseinanderzusetzen. Ich denke, es gibt eine Reihe von Erkenntnissen, die auf diese Weise Allgemeingut geworden und unbestritten sind.
Die Ursache für die hohen Geburtenzahlen liegt weit überwiegend in den Entwicklungsländern. Armut ist eine wichtige Ursache für den Wunsch von Männern nach mehr Kindern. Viele Söhne bedeuten mehr Arbeitskräfte, sie bedeuten in vielen Fällen auch soziale Absicherung für das Alter. Aber Armut ist auch – das füge ich hinzu, ich bin nicht sicher, ob das überall anerkannt wird – eine Ursache für viele ungewollte Kinder.
Übereinstimmung besteht sicherlich darin, daß schlechte Gesundheitsvorsorge und hohe Kindersterblichkeit tendenziell den Wunsch nach mehr Kindern erhöhen. Ebenso ist es allgemeine Übereinstimmung, daß fehlende Bildung der Frauen, insbesondere eine niedrige Stellung der Frauen in

der jeweiligen Gesellschaft, häufig die Frauen geradezu zwingt, mehr Kinder zu bekommen, als sie selber wollen. Diese bedrückte Stellung der Frauen stammt in sehr vielen Fällen nicht direkt aus der Religion, aus der jeweiligen Religion, sondern aus den mit der Religion zusammenhängenden kulturellen Traditionen, die sich über Jahrhunderte, zum Teil noch länger, über Jahrtausende, entwickelt haben.

Übereinstimmung gibt es auch darüber, daß mangelndes Wissen über Familienplanung als Möglichkeit und mangelnder Zugang zu Verhütungsmitteln einer der Gründe für nicht gewünschte Schwangerschaft sind. Und schließlich gibt es kaum noch Widerspruch, wenn gesagt wird, daß rasches Bevölkerungswachstum in einem Entwicklungsland die Fortschritte in der wirtschaftlichen und sozialen Entwicklung sowohl der Volkswirtschaft als auch pro Kopf der Einwohner inhibiert.

Die Verbindung von Armut und Bevölkerungszunahme hat auch schwerwiegende ökologische Folgen, zum Beispiel, indem die agrarische Ressourcenbasis angegriffen oder gar zerstört wird, und allgemeiner und bedeutender noch für den ganzen Globus die globalen Auswirkungen, insbesondere auf das Klima – vor allem wegen des Verbrauchs von fossiler Energie. Öl, Gas, Kohle, Braunkohle, Holz, Torf, alles das schafft Kohlendioxid, Kohlenmonoxid – was weiß ich, was alles bei der Verbrennung fossiler Brennstoffe nach oben in die Atmosphäre entlassen wird!

Die ökologischen Folgen, von denen ich zwei angedeutet habe – Erschöpfung des Ackerbodens und globale Erwärmung – werden zusätzliche Migrationen auslösen, selbst wenn sie nicht unmittelbar durch Überbevölkerung an Ort und Stelle ausgelöst sind.

Nun bleibt die große Frage: Was können, was müssen die Regierenden eigentlich tun? Die beiden volkreichsten Entwicklungsländer der Welt: China und Indien, haben die

Gefahren der Übervölkerung relativ früh erkannt, wohl als allererste. Ihre Gegenmaßnahmen erscheinen mir allerdings nur zum Teil vernünftig, zum Beispiel die chinesische Propagierung der Ein-Kind-Familie. Zum anderen Teil – wenn ich an die Zwangsabtreibungen und an die Zwangssterilisationen denke – erscheinen sie mir als schwere Verletzung des einzelnen Menschen und seiner Würde.
Für Ostasien, Südostasien, Südwestasien sowie für die allermeisten Entwicklungsländer bleiben – so denke ich – von entscheidender Bedeutung:
1. Die langfristige Anhebung der Rolle der Frauen.
2. Die Bildung, Ausbildung und Aufklärung der Mädchen.
3. Die Verfügbarkeit von empfängnisverhütenden Mitteln.
Das sind Aufgaben vornehmlich für die Regierenden in jenen Ländern.
Die Frage: Was können und sollen die Regierenden tun? richtet sich natürlich auch an uns, die wir in entwickelten Industriestaaten leben: Europa, Japan oder Korea und Nordamerika, für uns ist es sehr leicht, den Entwicklungsländern kluge Ratschläge zu geben. Das kostet uns gar nichts. Wir brauchen sie ja nicht zu befolgen, denn wir haben ja nur ein ganz geringes Bevölkerungswachstum, das fällt gar nicht ins Gewicht; eher schrumpfen wir sogar. Deshalb gibt es in den Entwicklungsländern viele Politiker, die solche Empfehlungen, wie ich sie hier eben ausgesprochen habe, als schieren Egoismus der Europäer ablehnen. Ganz falsch ist das ja nicht. Sie meinen, auf diese Weise wollten wir Europäer abwenden, daß wir später von den Migrationswellen aus den Entwicklungsländern überrollt werden. Manche der Politiker in jenen Ländern denken, jedenfalls wollten wir im Norden damit von der Nichterfüllung unserer mitmenschlichen, moralischen, solidarischen Pflicht zu ausreichender Entwicklungshilfe ablenken.
Mir scheint, es ist tatsächlich eine offene Frage – auch dies ist

in den Ohren mancher, die hier zuhören, vielleicht eine Ketzerei –, ob und wieweit die seit Ende des Zweiten Weltkrieges in Gang gekommene Entwicklungshilfe, die insgesamt ja doch sehr beträchtlich ist, wenn wir über das halbe Jahrhundert rechnen, wenigstens tendenziell zu einem besseren Ausgleich des Wohlstands zwischen Nord und Süd geführt hat. Das wird einfach unterstellt. Ob der Ausgleich im Wohlstand zwischen Nord und Süd heute besser ist, als er 1945 war, das müßte man sich erst einmal genauer angucken. Jedenfalls hat die Entwicklungshilfe durch bessere medizinische Versorgung zu einer erheblichen Verminderung der Säuglingssterblichkeit geführt, ähnlich der Müttersterblichkeit, und zu einer Verlängerung der durchschnittlichen Lebenserwartung. Im Prinzip alles positiv zu wertende Ergebnisse, die aber erheblich zur Bevölkerungsexplosion beitragen. Ich frage mich schon lange, ob denn die Art der Verwendung unserer Entwicklungshilfe wirklich im wohlverstandenen Zukunftsinteresse der Empfängerstaaten liegt – von den großen Staudämmen und all ihren Folgen bis zur Finanzierung der Waffenkäufe und all ihren Folgen. Im Durchschnitt geben die Entwicklungsländer heute beinahe sechsmal soviel Geld für militärische Zwecke aus, wie sie an Entwicklungshilfe empfangen – beides pro Jahr gerechnet. Vertragliche Rüstungsbegrenzung zwischen Entwicklungsländern wäre möglicherweise eine Wohltat für deren ökonomische Entwicklung.

Die aus jenen Entwicklungsländern immer wieder erhobene Forderung nach wesentlicher Erhöhung der Entwicklungshilfe, welche die Industriestaaten leisten, ist völlig verständlich, aber sie wird an unseren demokratischen Verfassungen scheitern. Schon heute verschulden sich die USA und fast alle Staaten der Europäischen Union jedes Jahr zusätzlich höher, als die ökonomische Vernunft es erlauben könnte. Und derjenige, der seinem Volk statt dessen höhere Steuern auferlegen wollte, der wird nicht gewählt; im Gegenteil, er wird abgewählt. Es ist deshalb mindestens für den Rest unseres Jahrhunderts keine wesentliche Anhebung der Entwicklungshilfe, der *Official Development Aid* zu erwarten, bestenfalls eine moderate Steigerung. Die Frage nach der zweckmäßigen Verwendung bleibt dann immer noch offen.

Wenn wir die Frage einmal einengen auf Deutschland: Was können wir Deutschen tun, um zu unserem kleinen Teil – wir sind nur 1,2 Prozent der Weltbevölkerung – zur Abwendung einer Überbevölkerungskatastrophe der Welt beizutragen? Die moralisch gutgemeinte Idee, in hohem Maße Menschen aus den Entwicklungsländern bei uns aufzunehmen und uns selbst zu einer multikulturellen Gesellschaft umzugestalten, sollte nach meinem Urteil deshalb ausscheiden, weil unsere heutige Gesellschaft die dafür notwendige ungeheure Toleranz nicht aufbringen wird. Das kann man jetzt schon erkennen. Es wäre ein lebensgefährliches Experiment. Wir sind, Gott sei es geklagt, bisher nicht einmal fähig, die in Deutschland geborenen Kinder von sogenannten Gastarbeitern bei uns einzubürgern. Eine Schande! Und *nota bene* gleichzeitig eine Dummheit.

Eine wesentliche Aufstockung unserer deutschen Entwicklungshilfe kann bestenfalls nur schrittweise gelingen. Der Zustand unserer öffentlichen Finanzen ist heute schlechter als jemals seit 1949. Und die Deutschen sind zu weiteren Opfern nicht bereit, seien es Opfer auf dem steuerlichen Felde, seien es Opfer bei den Sozialleistungen oder seien es Opfer auf dem Felde der Sozialabgaben.

Trotzdem könnten wir durch Umgestaltung unserer Entwicklungshilfe durchaus zur Dämpfung der Bevölkerungsexplosion beitragen:

1. Durch viel stärkere Konzentration unserer Mittel auf schulische und berufliche Ausbildung von Mädchen und Frauen.

2. Wir sollten unsere offizielle Entwicklungshilfe grundsätzlich abhängig machen von einer freiwilligen Begrenzung der Militärausgaben des Empfängerstaates.
3. Wir sollten unsere Entwicklungshilfe grundsätzlich abhängig machen davon, daß der Empfängerstaat in realistischer Weise Familienplanung propagiert und durch Verfügbarmachung kontrazeptiver Mittel unterstützt.

Wenn alle Staaten der Europäischen Union sich auf solche oder ähnliche, schrittweise zu erreichende Konditionalität ihrer Entwicklungshilfe verständigen würden, so wäre eine weltweite Wirkung durchaus wahrscheinlich, wenngleich noch keineswegs eine Trendumkehr, wohl aber doch eine gewisse Verlangsamung des Trends zur Zunahme der Weltbevölkerung.

Natürlich werden diese drei Vorschläge, die ich soeben gemacht habe, vielerlei Kritik herausfordern, jedenfalls Kritik seitens des Vatikans dann, wenn sie die erklärte Politik von Bundestag und Bundesregierung würden. Der Vorsitzende der Bischofskonferenz würde in Schwierigkeiten geraten. Aber Kritik muß ausgehalten werden! Natürlich wird es Kritik auch geben von manchen geistlichen Führern aus dem islamischen Bereich, von seiten anderer Religionsgemeinschaften, von Regierungen und Diktaturen in den Entwicklungsländern selbst. Aber ich denke, Streit darüber wäre eine bessere Hilfe für die Welt als diese Kette von Weltkonferenzen von Bukarest bis Kopenhagen mit ihren umfangreichen, wohlklingenden, wohlgemeinten katalogartigen Beschlüssen. Der Kairoer Beschluß hat in seiner deutschen Ausgabe 140 Seiten. Den können nur noch Experten lesen und verdauen. Es geht über die Kapazität des gegenwärtigen Bundeskanzlers genauso hinaus wie über die Kapazität seines Vorgängers, das alles zu verarbeiten. Die Regierungen werden darüber hinweggehen.

Wer den *circulus vitiosus* von Armut, Hunger und Bevölke-

rungsexplosion, von ökologischer Zerstörung und Klimaverschlechterung in großen Teilen Afrikas, Asiens, Lateinamerikas und von massenhafter Migration im kommenden Jahrhundert durchbrechen will oder – anders gesagt – wer die Wahrscheinlichkeit von neuen Kriegen im 21. Jahrhundert wenigstens herabsetzen will, der muß heute Streit führen über die rechtzeitig zu ergreifenden Schritte, über die jetzt zu ergreifenden Schritte. Er darf sich nicht verlassen auf die Illusion einer Weltregierung durch die *United Nations*. Er darf sich nicht der Illusion hingeben, es werde eine große Steigerung der Entwicklungshilfe geben, die den *circulus vitosus* aufhebt. Sondern er muß seine eigene und wir müssen unsere eigene deutsche Politik ändern. Die Geberländer müssen ihre Entwicklungshilfepolitik auf die Frauen und auf die Familienplanung konzentrieren, und die Empfängerländer müssen sich gleichfalls auf die kategorische Anhebung der Rolle der Frauen und auf Familienplanung und auf *Contraceptives* konzentrieren.
Lassen Sie mich einen letzten Satz anschließen: Wenn überhaupt kein Staat damit Ernst machen sollte, dann ginge die Menschheit im kommenden Jahrhundert einer dramatischen Tragödie entgegen. Sie wäre eines Sophokles als Autor würdig; denn selbst ohne persönliche Schuld käme gleichwohl das Verhängnis über uns alle.

** Auszüge aus dem Vortrag von Helmut Schmidt, gehalten am 16. März 1995, auf einer Veranstaltung von Der Überseeclub Hamburg e. V., und der Deutschen Stiftung Weltbevölkerung in Hamburg.*

Gerhard Schröder

Im Mittelpunkt steht der Mensch

Die hinter uns liegende Serie von Weltkonferenzen hat vor allem über die beteiligten privaten Organisationen und die Medien die Problemsicht der Menschen in den Entwicklungsländern, die ja die große Mehrheit der wachsenden Weltbevölkerung stellen, in das allgemeine Bewußtsein gerückt. Auch in Niedersachsen machen entwicklungspolitische Initiativen darauf aufmerksam, daß Entwicklung auch bei uns im Norden stattfinden muß.

Wer wollte dies wohl leugnen? Die soziale Frage, die Frage nach dem Wohlergehen der Menschen, stellt sich im Zeitalter der ökologischen Krise aber nicht mehr nur als ein Thema nationaler Politik oder regionaler Wirtschaftsaktivitäten dar. Wenn wir Rezession und Arbeitslosigkeit oder Staatsverschuldung und Ressourcenverschwendung in Niedersachsen bekämpfen, sind wir mit Fragen der Konkurrenz von Billiglohnländern konfrontiert, mit Sozial- und Umweltdumping in anderen Kontinenten und mit den Rahmenbedingungen für weltweite Wanderungsbewegungen von Kapital und Arbeit. Ob wir wollen oder nicht, wir müssen uns bei der Zielsetzung einer sozial verträglichen und nachhaltigen Entwicklung für Niedersachsen diesen globalen Herausforderungen stellen. Das heißt, wir müssen Entwicklungspolitik betreiben, auch bei uns. Dies ist eine Querschnittsaufgabe und bedeutet zunächst einmal Aufklärung. Im Fachjargon sprechen wir von ›entwicklungspolitischer Informations- und Bildungsarbeit‹. Dies ist seit 1990 einer der drei Kernpunkte des entwicklungspolitischen Konzepts der Landesregierung. Dabei verfolgen wir das Ziel, die soziale Frage in ihrer weltweiten Verknüpfung mit Umweltzerstörung als Folge von Armut oder von Verschwendung adäquat und

konkret durch eigenes Handeln zu beantworten. Dies liegt in unserem eigenen Interesse. Die deutsche Wirtschaft und nicht zuletzt die niedersächsische ist im Bereich des Umweltschutzes besonders stark.
Eine Tagung in Loccum im September 1995 hat sich mit den Initiativen für eine nachhaltige Entwicklung in Niedersachsen und mit der in Rio 1992 beschlossenen Agenda 21 auf lokaler und regionaler Ebene befaßt. Gemeinsam mit den anderen Bundesländern wollen wir die notwendigen Veränderungsprozesse unterstützen und daran nicht nur die Partner im Süden, sondern vor allen Dingen auch die Menschen im eigenen Land intensiv und auf allen Ebenen beteiligen. Der bei der Rio-Konferenz vereinbarte gemeinsame Entwicklungsprozeß verlangt große Anstrengungen von uns, weniger in dem Sinne, daß wir nun in Askese leben müßten, weil wir uns moralisch verpflichtet zu fühlen hätten, den Menschen anderer Erdteile von unserem relativen Reichtum abzugeben.
Nein, sehr viel egoistischer: Weil wir, wenn wir so weiterleben und wirtschaften wie bisher, den Ast absägen, auf dem wir sitzen. Umweltschutz orientiert auf geschlossene Wertstoffkreisläufe und minimalen Energieverbrauch, ist auch ohne die Probleme in der Dritten Welt nötig – und er ist es um so mehr, weil die Menschen in der Dritten Welt seit langem schon und zu Recht Teilhabe verlangen. Aber Umweltschutz ist genau deswegen auch als Wirtschaftssegment dasjenige, das in den nächsten Jahren und Jahrzehnten mit riesigen Zuwachsraten rechnen kann. Einem weitgehend recyclebaren, nur 3 Liter pro 100 km verbrauchenden oder durch regenerative Energie angetriebenen Pkw, gehört der Markt der Zukunft. Dies gilt auch für eine dezentrale Energieversorgung in Afrika, mit der eine Chance bestünde, der verheerenden Erosion und Austrocknung durch den dortigen Holzeinschlag für das Kochen zu begegnen.

Wir haben deshalb seit 1992 in Eritrea Projekte zur dezentralen Versorgung mit Solarenergie gefördert. Auch im neuen Hoffnungsträger des Kontinents, in Südafrika, zielt die Entwicklung auf eine dezentrale Versorgung mit erneuerbaren Energien. Bei meinem Besuch in Südafrika habe ich zusammen mit niedersächsischen Unternehmern einen Beitrag Niedersachsens zur wirtschaftlichen Entwicklung des Landes zugesagt. Mit der neuen südafrikanischen Provinz Ostkap verbindet uns nicht nur das VW-Werk. Wir wollen auch die Verwaltung der Provinz mit fachlicher Beratung gemeinsam mit der Bundesregierung unterstützen und bei der Verwaltungsreform zusammenarbeiten, um gemeinsam die Rahmenbedingungen für die notwendige Entwicklung zu verbessern. Dies dient der Bevölkerung ebenso wie der Wirtschaft und der Umwelt, in Ostkap ebenso wie in Niedersachsen.

Neben der Umweltzerstörung hat auch das Bevölkerungswachstum in den Ländern des Südens viel mit Armut zu tun. Die Bekämpfung der Armut vor allem von Frauen und die Befriedigung ihrer Grundbedürfnisse bildet neben der entwicklungpolitischen Bildung den zweiten Kernpunkt der Entwicklungspolitik in Niedersachsen. Viele Frauen würden, wenn sie dazu die Möglichkeit hätten, auf weitere Kinder verzichten. Die Befriedigung der Grundbedürfnisse von Frauen einschließlich von Bildung und Gesundheitsversorgung wird deshalb dazu beitragen, daß das Bevölkerungswachstum relativ abnimmt. Schon heute zeichnet sich in Afrika eine Trendwende ab. Ein ganzheitlicher Ansatz zur Förderung von Frauen-Selbsthilfe scheint der am besten geeignete Weg zu sein, zu einer nachhaltigen Entwicklung beizutragen. Niedersachsen fördert deswegen seit 1990 vor allen Dingen Projekte von und für Frauen in den Ländern des Südens, die von Nicht-Regierungsorganisationen getragen werden.

Die Zusammenarbeit der Landesregierung mit privaten, gemeinnützigen Organisationen bei uns unterstützt die ›Hilfe zur Selbsthilfe‹ auch im eigenen Land und ermöglicht eine Beteiligung der Menschen, die sich entwicklungspolitisch engagieren, sowohl an der Konzeption als auch an deren Realisierung. Sie ist der dritte zentrale Ansatz des entwicklungspolitischen Konzepts der Landesregierung. Deshalb freut es mich besonders, daß die Deutsche Stiftung Weltbevölkerung, die durch die Privatinitiative niedersächsischer Unternehmen maßgeblich errichtet worden ist, inzwischen nicht nur bundesweit, sondern auch von der UN als ein wichtiger Partner bei den Diskussionen der Probleme der Weltbevölkerungsentwicklung anerkannt wird. Auch wenn das Thema der Begrenzung oder gar der staatlichen Kontrolle des Weltbevölkerungswachstums aus Frauensicht sehr kontrovers diskutiert wird, gibt die Deutsche Stiftung Weltbevölkerung einen wichtigen Anstoß zur politischen Debatte, von der ich hoffe, daß sie auch in Zukunft Früchte trägt.

Rolf Seelmann-Eggebert

Armutszeugnis

Es ist ein Kreislauf, der schwer zu beeinflussen ist und doch beeinflußt werden muß. Die Menschen machen sich Gedanken über ihren Alltag – den Arbeitsplatz, die Mietkosten, die Altersversorgung. Die Politiker, daran interessiert, wiedergewählt zu werden, richten ihre Arbeit an derlei Sorgen aus. Und die Medien reflektieren im wesentlichen, was in diesem Spannungsfeld von Wählern schon Gegenwartsfragen sind, weil sie entweder noch uns selbst, sicher aber unsere Kinder betreffen.

Dabei stürmen die Kurven, wo man hinschaut, gen Himmel: Bodenerosion, Wasserverbrauch, Luftverschmutzung, Armutsflüchtlinge – um nur ein paar Stichworte zu nennen. Und immer spielt dabei auch das Wachstum der Erdbevölkerung eine Rolle, nicht mehr nur im Sinne jener sprichwörtlichen ›Menschenbombe‹. Wir haben ja längst gelernt, daß wir, die wir im reichen Norden dieser Welt leben, den Planeten durch unser Konsumverhalten ungleich schlimmer belasten als die Menschen im armen Süden, die nur einen Bruchteil der Ressourcen verbrauchen, die wir für uns beanspruchen.

Keine Frage: Das gegenwärtige Wachstum der Weltbevölkerung um über neunzig Millionen pro Jahr energisch abzubremsen, bleibt aus meiner Sicht die wichtigste Aufgabe unserer Generation. Aber man wird heutzutage hinzufügen müssen, daß man glaubwürdig dafür nur eintreten kann, wenn man auch bereit ist, den eigenen Lebensstil in Frage zu stellen. Denn die wirksamste Methode, die Zahl der Geburten zu beschränken, ist ohne Frage die Bekämpfung der Armut. Aber wer Armut bekämpfen will, muß letzten Endes auch selber abgeben.

Für eine Gesellschaft, die fünfzig Jahre auf wirtschaftliches Wachstum gesetzt hat, ist das eine unbequeme Botschaft. Wie es denn ganz allgemein unbequem ist, sich mit den Ländern Afrikas, Asiens, Lateinamerikas auseinanderzusetzen, es sei denn, um dort Urlaub zu machen. Aber je ernster wir uns heute bemühen, deren Probleme zu lösen, desto größer die Chance, daß sie den Regierungen nicht morgen über den Kopf wachsen und sich chaotische Entwicklungen, wie wir sie in den vergangenen Jahren in Afrika beobachtet haben, weiter verbreiten.

Wer heute auf die Siebzig zugeht, wird am Ende seines Lebens Zeuge eines Quantensprungs der Menschheitsgeschichte sein: Der Verdreifachung der Weltbevölkerung während der eigenen Lebenszeit. Gleichzeitig ist in diesen siebzig Jahren etwas anderes passiert. Die Welt, von der unsere Großeltern noch einen sehr diffusen Begriff hatten, ist zu einem globalen Dorf geschrumpft. Dank moderner Frühwarnsysteme können wir heute erkennen, wo Mißernten und Hunger drohen. Dank des Fortschritts der Landwirtschaft verfügen wir über riesige Nahrungsmittelreserven. Dank der Großraumflugzeuge kann Hilfe von einem Ende der Welt zum anderen geliefert werden, innerhalb von Tagen, nicht von Wochen oder Monaten. Und wie wir Hungerkatastrophen noch im Keim ersticken könnten, könnten wir das Wachstum der Weltbevölkerung dramatisch eindämmen, vorausgesetzt, der politische Wille wäre vorhanden zu derart solidarischem Handeln.

Gelegentlich fürchte ich, künftige Generationen könnten uns ein Armutszeugnis ausstellen: »Sie haben alles gewußt. Sie hatten alle Möglichkeiten. Sie haben sie nicht genutzt.«

Heinz Sielmann

Wir alle können helfen

Von Kindheit an fasziniert mich alles, was da kreucht und fleucht.

So war es sicherlich eine glückliche Fügung, daß ich mit sieben Jahren nach Ostpreußen kam. Ostpreußen war und ist ein Mekka für Naturbeobachtungen. Von Königsberg aus konnte ich viele verlockende Ziele in der Natur gut mit dem Fahrrad erreichen. Und in jenen Jahren wurde die Albertus-Universität in Königsberg bekannt für ihre vergleichende Verhaltensforschung. Dort lehrten die Professoren Otto Köhler und Konrad Lorenz, die mich zu planmäßigen Beobachtungen und dokumentarischen Fotoaufnahmen anregten. Dieser Kontakt hat meinen späteren Lebensweg entscheidend geprägt.

Ich bin glücklich, auf ein langes Leben in der Natur zurückblicken zu können. Besonders die Erkenntnisse der letzten Jahre haben mir gezeigt, wie wichtig es ist, uns in unserer Maßlosigkeit gegenüber unserer Umwelt einzuschränken. Nur dann haben auch künftige Generationen die Chance auf eine lebenswerte Zukunft. Aus diesem Grund versuche ich das, was mich die Natur in so vielen Jahren gelehrt hat, durch meine Stiftung an Kinder und Jugendliche weiterzugeben.

In meiner Kindheit lebten 1,8 Milliarden Menschen. Heute sind es bereits 5,7 Milliarden; davon leben mehr als eine Milliarde in bitterer Armut. Die rapide Zunahme der Weltbevölkerung und unsere Maßlosigkeit müssen uns angst machen. Beides zusammen wirkt zerstörerisch und die Auswirkungen sind fatal. Denken wir nur an das Artensterben, die schwindende Trinkwasserqualität, das Waldsterben, die Treibhausschicht, das Ozonloch und vieles mehr.

Deshalb ist es wichtig, daß wir uns für den Naturschutz

einsetzen. Die Erkenntnis, daß wir zahllose Tier- und Pflanzenarten ausrotten, die ein Potential von unschätzbarem Wert für unser Überleben bilden, vor allem die Zerstörung der tropischen Regenwälder macht mir in diesem Zusammenhang Sorgen. Es ist dreißig Jahre her, daß die Kettensägen ihren verheerenden Einzug in die tropischen Regenwälder begannen. Brauchte man früher einen Tag, um einen Urwaldriesen zu fällen, so schafft die Motorsäge dies heute in dreißig Minuten. In nur drei Jahrzehnten hat es der Mensch vollbracht, die Hälfte aller tropischen Regenwälder zu zerstören. Dabei geht es nur zum geringen Teil um die Vermarktung tropischer Edelhölzer. Überwiegend, das bestätigen auch die Untersuchungen der Vereinten Nationen, geht die Tropenvernichtung auf die Überbevölkerung und die dadurch verstärkte Armut der Menschen zurück.
Meine Expeditionen in alle Teile der Welt haben mir gezeigt, wie wichtig und dringlich es ist, Lebensräume zu erhalten. Das muß zum einen durch einen positiven Naturschutz und zum anderen durch eine Verlangsamung des enormen Bevölkerungswachstums in den meisten Ländern geschehen. Beides geht uns gleichermaßen an. Darum unterstütze ich auch die Bemühungen der Deutschen Stiftung Weltbevölkerung, durch aufrüttelnde Informationen und Pilotprojekte in den Entwicklungsländern einer Vernachlässigung des Weltbevölkerungsproblems entgegenzuwirken.
Wir alle können helfen: Durch einen positiven Naturschutz, mit Einsatz für hilfreiche Institutionen und Projekte und nicht zuletzt mit Spenden.

Rita Süssmuth

Aufgabe gerade von Frauen

An der Schwelle zum nächsten Jahrtausend stehen wir vor zentralen Weichenstellungen. Soll die Menschheit nicht noch tiefer in einen Strudel existentieller Bedrohungen treiben, muß sie die Veränderungsdynamik, die für die heutige Zeit kennzeichnend ist, als Chance für eine bewußte und entschiedene Gestaltung der Zukunft annehmen. Denn Zukunft ist nicht etwas, was einfach so auf uns zukommt, sondern auch das Ergebnis unseres Herangehens an Gestaltungsmöglichkeiten. Das gilt auch für die Bewältigung der Weltbevölkerungsentwicklung.

Die globalen Gefährdungen, vor denen wir stehen und die eng verzahnt sind mit dem Weltbevölkerungswachstum, sind historisch einmalig, die Chancen aber auch. Keine Generation vor uns hatte ein solches Potential und derartige Möglichkeiten, sich selbst zu vernichten oder aber auf eine global humane Weltgesellschaft hinzuwirken. Nie zuvor hatte eine Generation eine ähnlich große Verantwortung zu erkennen und zu tragen, wie wir.

Bei dem Versuch, die Zukunft einer (zusammen)wachsenden Menschheit zu bewältigen, haben wir Europäer eine Schlüsselrolle und damit eine besondere Verantwortung. Werden wir dieser Verantwortung nicht gerecht, machen wir uns schuldig durch Unterlassen.

Das Weltbevölkerungswachstum hat längst begonnen, die Erde nachhaltig zu verändern. Das wird oft nicht wahrgenommen, weil unsere Wahrnehmung häufig auf Symptome fixiert ist, die sich massenmedial leichter transportieren lassen als zugrundeliegende Faktoren. Wer denkt denn schon, um ein Beispiel zu geben, bei Bildern von fundamentalistisch motivierten Aktionen an Wirkungen von Migration und

Verstädterung und deren demographische Ursachen? In nur vierzig Jahren ist die Menschheit von knapp drei auf fast sechs Milliarden Menschen gewachsen. In fünfzehn Jahren werden rund sieben Milliarden Menschen die Erde bevölkern, in siebzig Jahren vielleicht schon zehn Milliarden, also knapp doppelt soviel wie heute.

Unsere Aufgabe ist vor diesem Hintergrund eine doppelte. Zum einen müssen wir die Anforderungen annehmen, vor die uns das absehbare zahlenmäßige Wachstum der Menschheit stellt. Das erfordert vor allem einen anderen Umgang mit unseren natürlichen Lebensgrundlagen. Das erfordert ferner politische, soziale und wirtschaftliche Neuerungen und nicht zuletzt eine neue Ethik. Das bietet im übrigen – und dies mag die letzten Zweifler hierzulande überzeugen – besondere Chancen für ein Land wie Deutschland, sich mit Kompetenz für Zukunftslösungen als sympathischer *global player* zu profilieren und auch sektoral neue Märkte zu erschließen.

Zum anderen ist es zwingend geboten, die Chancen für eine menschenwürdige Dämpfung des Weltbevölkerungswachstums zu nutzen. Unsere wichtigste Option in diesem Zusammenhang ist, zu eigenen Entscheidungs- und Handlungsmöglichkeiten der Menschen, vor allem in den armen Ländern beizutragen. Spätestens mit der Kairoer Weltbevölkerungskonferenz ist anerkannt, daß die universale Gewährleistung verantwortlicher individueller Selbstbestimmungsmöglichkeiten nicht nur ohnehin ethisch geboten, sondern auch der Schlüssel zur Dämpfung des Weltbevölkerungswachstums ist. Das bedeutet: Freiheit und Humanität in Zukunft lassen sich auch im Zeitalter der Weltbevölkerungs›lawine‹ am ehesten durch Beiträge zu Selbstbestimmung und Humanität in der Gegenwart erreichen.

Weltbevölkerungswachstum geht Frauen besonders an, weil es – vor allem in der sogenannten ›Dritten Welt‹ – mit der spezifischen Situation von Frauen im Verhältnis der Interdependenz steht. Weltbevölkerungswachstum verstärkt geschlechtsspezifische Diskriminierung und beruht zum Teil auf Diskriminierung von Mädchen und Frauen. Denn Frauen sind besonders betroffen von den direkten und indirekten Wirkungen sowohl ungewollter Schwangerschaft als auch des Bevölkerungswachstums. Und wenn Frauen weltweit ein unverzichtbares Mindestmaß an Autonomie zugestanden würde, wüchse die Weltbevölkerung, das ist heute unbestritten, erheblich langsamer. Umso mehr gilt, daß es die Aufgabe gerade von Frauen ist, über bestehende Systeme hinaus zu denken und sich für ein *empowerment of women* und für sonstige Chancen zur Bewältigung des Weltbevölkerungswachstums zu engagieren.

Klaus Töpfer

Politik für eine nachhaltige Entwicklung

Globale Umwelt- und Entwicklungszusammenarbeit als Friedenspolitik der Zukunft

In der Vergangenheit sind kriegerische Auseinandersetzungen nicht nur Kämpfe um Macht und Ideen, sondern häufig auch Kämpfe um den Zugang zu knappen Ressourcen gewesen. Diese ›Ressourcenkämpfe‹ drohen in Zukunft zuzunehmen, wenn es nicht gelingt, die Unterentwicklung auf der Welt abzubauen. Massenarmut in vielen Ländern des Südens bei einer weiterhin zunehmenden Weltbevölkerung bedeutet: Ungebremste Ausbeutung natürlicher Ressourcen, rapide voranschreitende Umweltzerstörung und weltweite Flüchtlingsbewegungen. Damit ist globale Umwelt- und Entwicklungspartnerschaft zu einer zentralen Frage für den Weltfrieden geworden.

In den drohenden Ressourcenkonflikten sind neue ›Abrüstungsinstrumente‹ erforderlich. Die Konferenz für Umwelt und Entwicklung der Vereinten Nationen (UNCED) 1992 in Rio de Janeiro stellte, trotz aller Schwierigkeiten, einen Meilenstein in der Entwicklung solcher Instrumente dar. Genauso, wie der Helsinki-Prozeß das Ende des ›Kalten Krieges‹ zwischen West und Ost vorbereitet hat, muß der Rio-Prozeß die Umwelt- und Entwicklungszusammenarbeit vorantreiben und so einen neuen ›Kalten Krieg‹ zwischen Nord und Süd verhindern helfen. Die Schlußakte von Rio muß als Schlüssel zur Friedenspolitik der Zukunft die gleiche Bedeutung bekommen wie einst die Schlußakte von Helsinki.

Die Agenda 21, die in Rio als globales Aktionsprogramm von mehr als 170 Staaten verabschiedet wurde, erteilt in ihren vierzig Kapiteln Handlungsaufträge zur Umsetzung des

Konzeptes der ›nachhaltigen Entwicklung‹. Handlungsmaxime dieses Konzeptes ist die Verknüpfung von Umwelt- und Entwicklungsaspekten unter einem globalen Blickwinkel: Eine langfristige Sicherung der natürlichen Lebensgrundlagen wird nur möglich sein, wenn wir zu einer weltweiten Strategie finden, die der wechselseitigen Abhängigkeit von ökonomischen, sozialen und ökologischen Entwicklungskomponenten gerecht wird, die als traditionelle Umweltpolitik in alle übrigen Politikbereiche integriert ist.
Zur Umsetzung der Agenda 21, zu deren Fortentwicklung und zur Koordination der vorhandenen internationalen Verhandlungs- und Entscheidungsprozesse im Sinne von Rio wurde die Kommission für nachhaltige Entwicklung der Vereinten Nationen (*Commission on Sustainable Development* – CSD) eingesetzt. Wenn Umwelt- und Entwickungspolitik die Friedenspolitik der Zukunft sind, dann muß die CSD zu einem ›Sicherheitsrat‹ für die natürlichen Ressourcen werden. Als das zentrale politische UN-Organ im Rio-Folgeprozeß muß die CSD der Garant dafür werden, daß nachhaltige Entwicklung weltweit Realität wird und der Geist von Rio erhalten bleibt. Das Hauptinteresse der CSD-Arbeit gilt dabei der Verzahnung einer globalen Umwelt- und Entwicklungspolitik mit denjenigen Entscheidungsmechanismen, die den Welthandel, die Weltwirtschaft und die internationale Währungspolitik beeinflussen.

Die gemeinsame Verantwortung der Industrie- und Entwicklungsländer

Armut ist einer der größten Umweltfeinde. Daher muß es gelingen, den Teufelskreis von Armut, Unterentwicklung, Bevölkerungswachstum und Umweltzerstörung aufzubrechen. Die reichen Länder des Nordens müssen sich allerdings davor hüten zu glauben, daß alleine dieser Teufelskreis in den Entwicklungsländern die natürlichen Lebensgrundlagen

und den Weltfrieden bedroht. Denn die ressourcenverzehrenden Lebensstile und Wirtschaftsweisen der Industriestaaten tragen in gleicher Weise zur Destabilisierung des Ökosystems Erde und damit langfristig auch zur Destabilisierung des Weltfriedens bei.
Der Norden lebt mit einer ›Wohlstandslüge‹, weil er sich nicht mit den vollen Kosten konfrontiert, die dieser Wohlstand direkt oder indirekt bewirkt. Dabei geht dieser Wohlstand nicht nur ›auf Kosten‹ unserer eigenen Umwelt, sondern auch ›auf Kosten‹ der Umwelt in den Ländern des Südens. Denn häufig sind die dortigen Fehlentwicklungen in der Landwirtschaft, die Übernutzung der Böden und die Ausbeutung von Bodenschätzen der exzessiven Ressourcennachfrage des Nordens zuzuschreiben.
Rio hat deutlich gemacht: Wir können in der einen Welt nicht länger eine Arbeitsteilung aufrechterhalten, die im industrialisierten Norden vor allem die Vorteile der Nutzung natürlicher Ressourcen und des technischen Fortschritts realisiert, den Ländern des Südens jedoch einen Großteil der mittelbaren und unmittelbaren Folgen dieses gesteigerten Wohlstands aufbürdet. Es darf nicht dabei bleiben, daß die Vorteile der Wohlstandsmehrung regionalisiert, ihre Nachteile jedoch globalisiert werden. Die Globalisierung der Nachteile muß einer Globalisierung der Verantwortung weichen.

Ökologischer Strukturwandel in Wirtschaft und Gesellschaft
Ausgehend von den Industrieländern ist ein durchgreifender ökologischer Strukturwandel in Wirtschaft und Gesellschaft, die Erweiterung unserer wirtschaftlichen und sozialen Ordnung um die ökologische Dimension dringend erforderlich. Unsere heutigen Technologien stehen dabei ebenso auf dem Prüfstand wie unsere Verhaltensweisen. Eine Änderung der Produktions- und Konsumgüter kann in erheblichem Maße

über eine Integration ökologischer Kosten in die Preisstrukturen erreicht werden.
Die Umweltgüter – die gesunde Luft, das saubere Wasser, der unbelastete Boden, die begrenzten Rohstoffe – müssen mit ökologisch ehrlichen Preisen ausgezeichnet werden. Diese Preise stimulieren nicht nur ein umweltverträgliches Verhalten, sondern auch einen technischen Fortschritt, der die negativen Begleiterscheinungen der bisherigen Technikentwicklung – Energie- und Rohstoffaufwendigkeit, Abfall- und Emissionsintensität – korrigiert und überwindet. Heutige technologische Strukturen und Verhaltensmuster sind ein Spiegel der Preisstrukturen der Vergangenheit – genauso werden die heutigen Preise den technologischen Stand und das Verhalten in der Zukunft bestimmen!
Ein durchgreifender Strukturwandel wird nicht nur die Nachhaltigkeit der Lebensstile und Wirtschaftsweisen in den Industriestaaten fördern. Angesichts der Globalisierung wirtschaftlicher Verflechtungen und des zunehmenden internationalen Technologietransfers liegt hier auch ein entscheidender Schlüssel, den Teufelskreis von Armut, Unterentwicklung, Bevölkerungswachstum und Umweltzerstörung in den Entwicklungsländern aufzubrechen.

Nachhaltige Stadtentwicklung

Die Zukunft der Menschheit und ihrer natürlichen Lebensgrundlagen wird auch entscheidend davon abhängen, inwieweit der dramatische Verstädterungsprozeß in eine nachhaltige Richtung gelenkt wird. Zur Jahrtausendwende lebt bereits die Hälfte der Erdbevölkerung in Städten. Bis zum Jahr 2025 wird es weltweit fast hundert Megacities mit mehr als fünf Millionen Einwohnern geben. Globale Nachhaltigkeit kann nur dann Realität werden, wenn das Leben und Wirtschaften der Menschen in den Städten dem Grundsatz der Nachhaltigkeit entspricht. Erforderlich ist eine Stadtentwicklung, die auf solider wirtschaftlicher und sozialer Basis eine gesunde Lebensumwelt bietet und zum Schutz der natürlichen Ressourcen beiträgt. Die UN-Konferenz für menschliche Siedlungen – HABITAT II – 1996 in Istanbul wird dazu beitragen müssen, das Ziel der ›nachhaltigen Stadtentwicklung‹ in konkrete politische Schritte umzusetzen.

Die größten Verstädterungsprobleme sind heute angesichts von Landflucht und Bevölkerungswachstum in den Entwickungsländern zu beobachten. Dabei darf aber nicht vergessen werden, daß viele der Ursachen dieser Probleme bei uns liegen, daß unsere Stadtstrukturen vielfach als Vorbild angesehen und kopiert werden. Also tun wir den ersten Schritt! Ebenso, wie der ökologische Strukturwandel in Wirtschaft und Gesellschaft von den Industrieländern ausgehen muß, müssen auch unsere städtischen Strukturen zu einem nachhaltigen ›Modell‹ für die Stadtstrukturen weltweit werden.

In den Städten entscheidet sich beispielsweise, wieviel Wasser und Energie gespart, wieviel Abfälle vermieden werden. Außerdem bestimmt die räumliche Organisation des Lebens und Wirtschaftens in den Städten maßgeblich den erforderlichen Verkehrsaufwand. Auch in den deutschen Ballungsräumen sind – vor allem an den Rändern – Fehlentwicklungen abgelaufen, die eine Korrektur dringend erforderlich machen, um langfristig zunehmenden Verkehr, zunehmende Umweltbelastungen und drohende soziale Verwerfungen zu verhindern.

Notwendig sind beispielsweise Stadterneuerung, städtebauliche Verdichtung und Nutzungsmischung mit dem Ziel der ›Stadt der kurzen Wege‹.

Bei der Entwicklung unserer Städte geht es nicht um kurzfristige Lösungen, sondern um grundsätzliche Weichenstellungen an der Schwelle zum nächsten Jahrtausend. Die

Industriestaaten haben die technischen Möglichkeiten, die Innovationskraft und das Know-how, im Rahmen eines durchgreifenden Strukturwandels in Wirtschaft und Gesellschaft die Vision einer ›nachhaltigen Stadt‹ Wirklichkeit werden zu lassen. Hierin liegt eine der entscheidenden Herausforderungen vor dem Hintergrund globaler Verantwortung.

Günter Verheugen

Unmittelbare Beeinträchtigung unserer Interessen

Das Bevölkerungswachstum auf der Erde ist zu einem Problem geworden, das die gesamte internationale Staatengemeinschaft angeht. Der Weltbevölkerungsbericht 1995 des Bevölkerungsfonds der Vereinten Nationen (UNFPA) geht davon aus, daß zu den 5,7 Milliarden Menschen, die derzeit auf unserem Planeten leben, jährlich mehr als 86 Millionen hinzukommen. Für das Jahr 2050 schwanken die Prognosen zwischen 7,9 und 11,9 Milliarden Menschen. Diese Zahlen allein stellen noch keine Bedrohung dar. Ein Blick auf die Hintergründe zeigt aber die Gefahren und Entwicklungsrisiken, die damit verbunden sind. Während die Bevölkerung in den reichen Industrieländern nur noch langsam wächst, haben die Entwicklungsgesellschaften des Südens ein enorm hohes Wachstum zu verzeichnen. Gerade in den armen Ländern fehlen aber die wirtschaftlichen, sozialen und politischen Rahmenbedingungen, um diesen Bevölkerungsdruck auszuhalten. Es gibt zu wenig Bildungseinrichtungen, Einrichtungen der Gesundheitsversorgung und Arbeitsmöglichkeiten. In einer Vielzahl von Ländern fehlt schlicht der gesellschaftliche Reichtum, so daß immer mehr Menschen in die Armut, fast ohne Zukunftschancen hineingeboren werden. Zahlreiche Folgeprobleme sind damit verbunden: Das Gleichgewicht zwischen den Generationen gerät aus den Fugen. Menschen versuchen, den elenden Lebensbedingungen auf dem Land zu entkommen und flüchten in die Metropolen, die den Zustrom nicht mehr bewältigen können. Soziale Konflikte verschärfen sich, und die natürlichen Lebensgrundlagen werden durch Raubbau zerstört. Mühsam erreichte Entwicklungsfortschritte werden auf diese Weise zerstört. In vielen Ländern, insbesondere Afrika, verschlechtern sich sogar die Lebensbedingungen für die Mehrheit der Bevölkerung. Blutige Bürgerkriege können die Folge sein.

Ich habe mich stets gegen die Argumentation gestellt, die die sogenannte Überbevölkerung als Ursache der Armut und der Verelendung in der Dritten Welt begreift. Armut, Unterentwicklung und starkes Bevölkerungswachstum sind vielmehr Faktoren, die sich gegenseitig bedingen und verstärken.

Die zentrale Frage, wie sich künftig die Weltbevölkerung entwickelt, ist also eng mit den Fragen der wirtschaftlichen und sozialen Entwicklung in den Gesellschaften des Südens verbunden. Tatsächlich zeigen die bisherigen Erfahrungen, daß dort, wo es gelingt, die Grundbedürfnisse der Menschen nach Ernährung, Bildung, Gesundheit und Wohnen zu befriedigen, auch die Bevölkerungszuwachsraten zurückgehen. Besondere Bedeutung hat in diesem Zusammenhang die Stellung der Frau in den Entwicklungsgesellschaften. Nur durch eine Stärkung der Rolle der Frauen und durch einen deutlich verbesserten Zugang zu Bildung und Ausbildung können eine sinnvolle Familienplanung und die notwendige Verringerung der Geburtenzahlen erreicht werden. Kein Land und keine Regierung, die sich zu den Werten der Demokratie, der Menschenrechte und des Humanismus bekennt, darf diesem Trend tatenlos zusehen. Doch auch das Eigeninteresse der reichen Industrieländer muß dazu führen, das Problem des Bevölkerungswachstums als Teil einer engagierten Nord-Süd-Politik in Angriff zu nehmen. Gewaltsam ausgetragene Konflikte, Flüchtlingsströme, Verelendung und die wachsende Zerstörung der natürlichen Lebensgrundlagen der Menschheit und schließlich die Verschärfung des Nord-Süd-Konfliktes beeinträchtigen unsere politischen und wirtschaftlichen Interessen unmittelbar.

Im September 1994 hat die Weltbevölkerungskonferenz in Kairo ein Aktionsprogramm beschlossen. Der Streit um die Abtreibungsfrage hat die Konferenz leider so stark dominiert, daß der enge Zusammenhang zwischen Bevölkerung und nachhaltiger Entwicklung im Süden während der Konferenz in den Hintergrund getreten ist. Auch diese Konferenz hat für die Teilnehmerstaaten keine verbindlichen Programme verabschiedet. Die Regierungen können selbst entscheiden, wie sie die Empfehlungen umsetzen wollen. Dennoch stellt das Aktionsprogramm einen Fortschritt dar: Der enge Zusammenhang zwischen Bevölkerungspolitik und Entwicklungsstrategien ist thematisiert worden. Die Rolle der Frauen ist gewürdigt und die Forderung nach Chancengleichheit und Zugang zu Bildung und Beruf ist erhoben worden. Wichtig ist auch der Hinweis auf die Verantwortung der Industrieländer für die Verwirklichung umweltverträglichen Konsumverhaltens und die Anerkennung der besonderen Bedeutung des nichtstaatlichen Sektors für Bevölkerungs- und Entwicklungsprojekte.

Es ist erfreulich, daß die Bundesregierung, nicht zuletzt wegen der Kairoer Konferenz, die Mittel für Bevölkerungspolitik aufgestockt hat. Der Entwicklungspolitik der Bundesregierung insgesamt kann ein derartiges positives Urteil leider nicht ausgestellt werden. Entgegen aller politischen Beteuerungen sind die Mittel für die Entwicklungszusammenarbeit in den vergangenen Jahren immer weit zurückgefahren worden. Während noch zur Zeit der sozial-liberalen Koalition der Anteil der Entwicklungszusammenarbeit am Bruttosozialprodukt auf zuletzt 4,8 Prozent gesteigert werden konnte, waren es 1994 unter der Regierung Kohl nur noch 0,32 Prozent.

Eine sozialdemokratisch geführte Bundesregierung würde der Armutsbekämpfung, der Bildung und Ausbildung und der Stärkung der Stellung der Frauen in den Entwicklungsgesellschaften absolute Priorität einräumen. Damit, und mit einer Politik, die Beratungs- und Familienplanungsprogramme unterstützt, würden wir versuchen, einen wirksamen Beitrag zu leisten, um den Teufelskreis zwischen Armut und Bevölkerungswachstum zu durchbrechen. Dies muß Bestandteil einer Politik sein, die erkennt, daß Außenpolitik sich heute in besonderem Maße den globalen Risiken annehmen muß und die Nord-Süd-Politik als eine Querschnittsaufgabe begreift.

Ernst Ulrich von Weizsäcker

Weltbevölkerung: Ein Konsumproblem

Zwanzig Inder verbrauchen weniger als ein Deutscher oder gar als ein US-Amerikaner. Der Bevölkerungszuwachs in Indien richtet ökologisch derzeit wesentlich weniger Schaden an als der Bevölkerungszuwachs in den USA. Dennoch läßt sich nicht leugnen, daß der ›prozentuale‹ Zuwachs in Indien, Nigeria oder Haiti wesentlich größer ist als in den USA oder Europa. Wie können wir der Situation Herr werden?
Die historische Erfahrung lehrt, daß nahezu unabhängig von kulturellen und religiösen Traditionen Länder mit saturiertem Wohlstand eine wesentlich geringere Geburtenrate haben als arme Länder. Das rasche Erreichen eines annehmbaren Wohlstandes müßte also bevölkerungspolitisch hohe Priorität genießen. Aber was für ein Wohlstand soll es denn sein? Der amerikanische kann es nicht sein. Sechs Milliarden Menschen, die leben wie die Texaner, hält der Globus absolut nicht aus. Aber kann man Amerikaner oder Europäer politisch dazu zwingen, etwa auf drei Viertel ihres Wohlstandes zu verzichten (denn soviel wäre mindestens nötig, damit dieser Wohlstand halbwegs ›kopierfähig‹ wird)? Nein, das ist politisch ausgeschlossen.
Zum Glück gibt es einen viel plausibleren, ja sogar wirtschaftlich attraktiven Weg, die ›Effizienzrevolution‹ im Umgang mit den knappen natürlichen Ressourcen. Wir können technisch-zivilisatorisch lernen, aus einem Quadratmeter Land, einer Kilowattstunde, einer Tonne Erz, einem Kubikmeter Wasser mindestens viermal soviel, in manchen Fällen zwanzigmal soviel Wohlstand herauszuholen. Bei einer Vervierfachung wäre eine weltweite Verdoppelung des Wohlstandes bei gleichzeitiger Halbierung des Naturverbrauches möglich. Ein solcher Zivilisations-Pfad wäre gerade

für die heute ärmsten Länder in hohem Maße attraktiv. Wenn man indische Staudämme nicht mehr hauptsächlich braucht, um die ineffiziente Energieverwendung in Touristenhotels und Fabriken aufrecht zu erhalten, sondern den Bedarf der Masse zu befriedigen, ihnen also einen akzeptablen Wohlstand anzubieten (und gleichzeitig genug Energie für effizient gemachte Touristenhotels und Fabriken zu haben), – das wäre eine Wohltat für den sozialen Konsens, für die wirtschaftliche Entwicklung – und für die Stabilisierung der Bevölkerungsentwicklung.

Der ›Faktor 4‹ der besseren Ressourcennutzung ist gar nicht utopisch. Fünfzig Beispiele für die Vervierfachung der Ressourcenproduktivität gibt das neue Buch »Faktor Vier – Doppelter Wohlstand, halbierter Naturverbrauch« (E. U. von Weizsäcker, A. und H. Lovins, Droemer Knaur, München, 1995). Aber der Norden muß den Anfang machen. Sonst sieht es wieder so aus wie damals mit der ›angepaßten Technologie‹, als ob der Norden dem Süden die zweit- und drittbeste Technologie andienen wollte – mit entsprechend verheerender Resonanz.

So sehe ich also die Neuausrichtung des technischen Fortschritts im Norden als ein entscheidendes Element für die Stabilisierung der Weltbevölkerung.

Rainer Münz
Ralf Ulrich

Zu viele Menschen?
Dimensionen, Ursachen
und Folgen

Rainer Münz, Ralf Ulrich

Zu viele Menschen?

Dimensionen, Ursachen und Folgen [1]

1 Wachstum der Weltbevölkerung

1.1 Rückblick

Vor 12 000 Jahren lebten auf unserem Planeten zwischen 5 und 10 Millionen Menschen. Um Christi Geburt waren es bereits 200–400 Millionen: 40mal mehr als zu Beginn der Jungsteinzeit. Aus Jägern und Sammlern waren seßhafte Ackerbauern und Viehzüchter geworden. Und die produzierten wesentlich mehr Nahrungsmittel als ihre nomadischen Vorfahren. Das war die Grundlage für den ersten Schub des Bevölkerungswachstums in der Geschichte der Menschheit. Danach gab es weitere Zuwächse, aber auch erhebliche Bevölkerungsrückgänge z.B. durch Pestepidemien, Hungerkatastrophen, Klimaschwankungen und Verwüstungen im Gefolge von Kriegen. Erst ab dem 17. Jahrhundert beschleunigte sich das Wachstum wieder deutlich. Im Jahr 1800 lebten auf unserer Erde bereits etwa eine Milliarde Menschen. 125 Jahre später hatte sich die Weltbevölkerung auf 2 Milliarden (1926) verdoppelt. Wichtigste Ursachen für dieses raschere Wachstum waren die industrielle Revolution sowie beträchtliche Steigerungen der Agrarproduktion. Für die dritte Milliarde Menschen brauchte die Weltbevölkerung 34 Jahre (1960), für die vierte (1974) und fünfte Milliarde (1987) bloß noch 14 bzw. 13 Jahre. 1998 werden 6 Milliarden Menschen auf unserem Planeten leben: 20mal mehr als zur Zeit des Römischen Reiches.

Allein 1995 hat sich die Weltbevölkerung um 88 Millionen

1 Dieser Artikel ist eine überarbeitete Fassung unseres Beitrags zu dem von Peter J. Opitz herausgegebenen Band ›Weltprobleme‹ (4. Aufl., 1995).

Menschen vergrößert, also jeden Tag um etwa 246 000, jede Minute um 171 Menschen[2]. Eine Fortsetzung würde bedeuten: Alle 10–11 Jahre eine weitere Milliarde Menschen. Verlauf und Tempo beweisen: Hier handelt es sich um kein lineares, sondern um ein exponentielles Wachstum.[3]

Abb. 1: Wachstum der Weltbevölkerung

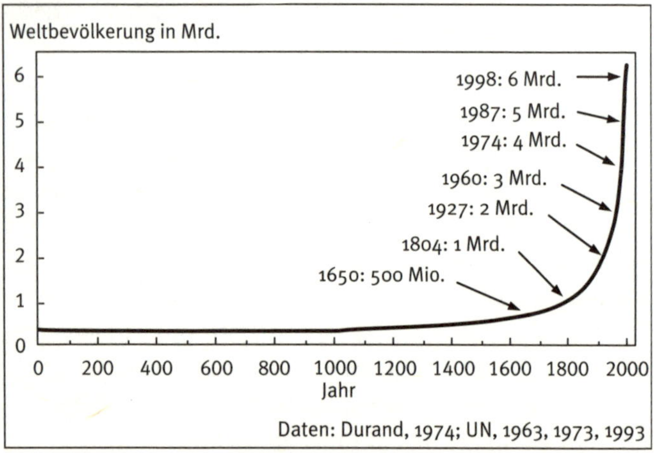

1.2 Prognosen bis 2100

Insgesamt nimmt die Zahl der Erdenbürger derzeit um 1,5% pro Jahr zu. Am kräftigsten ist der Zuwachs in den weniger entwickelten Weltregionen. Dort stieg die Zahl der Menschen

2 Errechnet nach: UN 1994

3 Exponentielles Wachstum ist für viele Menschen schwer vorstellbar. Ein beliebtes Beispiel für seine Illustration ist das Zuwachsen einer Wasserfläche mit Seerosen über einen Zeitraum von 30 Tagen. Am Anfang gibt es nur eine einzige Seerose, am 2. Tag 2 Seerosen. Die zugewachsene Fläche verdoppelt sich jeden Tag. Noch kurz vor Ablauf der 30 Tage ist kaum etwas zu bemerken. Am 25. Tag sind nur 6% der Wasserfläche zugewachsen, am 28. Tag sind es 25%, am 29. Tag bereits 50%.

Ende der 60er Jahre um 2,54 % pro Jahr. In den 70er Jahren verlangsamte sich das Wachstum vor allem in Asien und Lateinamerika. In etlichen Entwicklungsländern beschleunigte sich die Zuwachsrate allerdings noch oder blieb auf einem hohen Niveau. Im Schnitt wuchs die Zahl der Menschen in Entwicklungsländern[4] nach Schätzungen der UNO während der frühen 80er Jahre um 2,13 % pro Jahr und in den frühen 90er Jahren immer noch um fast 2,0% jährlich.
Ein Wirtschaftswachstum von 2% halten wir zwar für erfreulich, aber doch für eher bescheiden. Bevölkerungswachstum dieser Größenordnung ist jedoch enorm hoch. Denn wenn es in diesem Tempo weitergeht, verdoppelt sich die Bevölkerung der Entwicklungsländer in weniger als 35 Jahren. Weiteres Wachstums von 2% pro Jahr würde die Bevölkerung der Entwicklungsländer binnen 100 Jahren auf mehr als 27 Milliarden Menschen, also auf das Siebenfache von heute anschwellen lassen.
Dazu wird es voraussichtlich nicht kommen. Eine solche Modellrechnung illustriert nur, was passiert, wenn sich an den durchschnittlichen Kinderzahlen pro Familie nichts ändert. Es ist heute jedoch absehbar, daß die Bevölkerung der Entwicklungsländer nicht im gegenwärtigen Tempo weiter wachsen wird.
Alle verfügbaren Prognosen gehen langfristig von rückläufigen Kinderzahlen aus. Entscheidend ist jedoch, wie lange das Bevölkerungswachstum noch auf dem relativ hohen Niveau von heute bleibt. Davon wird es abhängen, wann und auf welchem Niveau es zu einer Stabilisierung der Weltbevölkerung kommt. Die langfristigen Vorausschätzungen der

4 In diesem Beitrag werden all jene Länder als ›Entwicklungsländer‹ bezeichnet, die nach der UN-Terminologie in die Kategorie *less developed regions* fallen. Das schließt die Staaten Afrikas, Asiens (ohne Japan), Lateinamerikas und Teile von Ozeanien ein.

Abb. 2: Langfristige Bevölkerungsprognosen der UNO

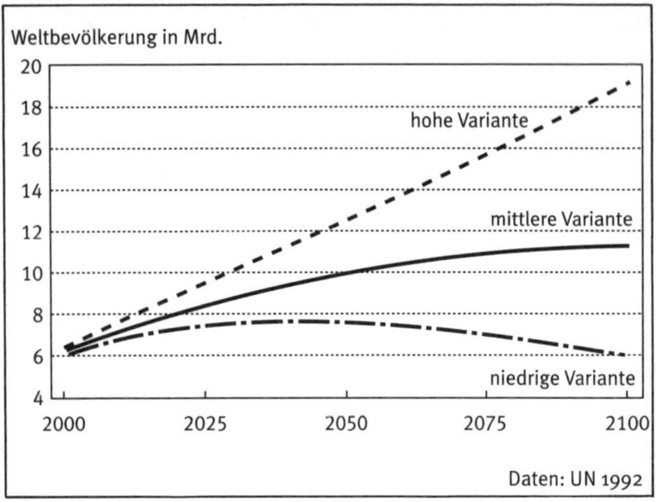

UNO gehen von 3 Szenarien mit sehr raschem, mittlerem und langsamem Rückgang der durchschnittlichen Kinderzahlen aus.

Die mittlere Prognosevariante rechnet bis zum Jahr 2020 mit 8 Milliarden, bis 2050 mit 10 Milliarden und bis 2100 bei abflachendem Zuwachs mit 11,1 Milliarden Erdenbürgern. In dieser mittleren Variante würde es erst zwischen 2125 und 2150 zu einer Stabilisierung bei ca. 11,5 Milliarden Menschen kommen.

In der hohen Variante (= langsamer Rückgang der Fruchtbarkeit) würde die Weltbevölkerung rascher ansteigen: Bis 2020 auf 8,5 Milliarden, bis 2050 auf 12,5 und bis 2100 auf 19,2 Milliarden Menschen. Die hohe Variante rechnet erst in ca. 200 Jahren mit einer Stabilisierung der Einwohnerzahl unseres Planeten bei 28 Milliarden. Ob unser Öko-System so viele Menschen tragen könnte, ist allerdings ungewiß.

In einer niedrigen Variante (= sehr rascher Rückgang der Fruchtbarkeit) rechnet die UNO bis 2020 mit einem Anstieg auf 7,6 Milliarden und bis 2050 auf 7,8 Milliarden Menschen. Danach könnte die Weltbevölkerung sogar wieder etwas zurückgehen (2100: 6 Milliarden). Voraussetzung dafür wäre, daß die Fruchtbarkeit im Schnitt auf unter 2 Kinder pro Familie sinkt.

1.3 Geographie des Wachstums

Charakteristisch für die heutige globale Bevölkerungsentwicklung sind 2 gegenläufige Trends. Die Einwohnerzahl der Industriestaaten der nördlichen Hemisphäre vergrößerte sich in der ersten Hälfte der 90er Jahre nur noch wenig (+0,4 % pro Jahr). Der Zuwachs geht zum Teil auf das Konto von Einwanderungen aus den weniger entwickelten Ländern. Ohne Zuwanderung würden viele Industriestaaten bereits jetzt schrumpfen. In den Entwicklungsländern hingegen wächst die Bevölkerung nach wie vor beträchtlich (+1,9 % pro Jahr). Fast 95 % des Zuwachses entfallen somit auf die Entwicklungsländer. Dies hat zum Teil dramatische Folgen.

Für viele Menschen in Asien, Afrika und Lateinamerika können schon heute selbst elementare Grundbedürfnisse nicht befriedigt werden. 600 Millionen Menschen sind arbeitslos, 800 Millionen Menschen sind unterernährt, eine Milliarde Menschen (= 35 % der erwachsenen Weltbevölkerung) sind Analphabeten. Mindestens 1,3 Milliarden Menschen leben in absoluter Armut. In dieser Situation erschwert rasches Bevölkerungswachstum die Suche nach Lösungen, überfordert sowohl die Aufnahmefähigkeit lokaler Arbeitsmärkte als auch die Kapazitäten der bestehenden Infrastruktur und vergrößert damit die Zahl jener Menschen, die in Armut und Elend leben.

Extrem ungleiche demographische Entwicklungen von Industrieländern und den meisten Staaten des Südens gab es schon in den letzten 300 Jahren; allerdings mit unterschiedlichen Vorzeichen: Zwischen 1750 und 1950 wuchs die

Einwohnerzahl der heutigen Industriestaaten – Europa, Nordamerika, UdSSR/Rußland, Japan und Australien – deutlich rascher als jene der weniger entwickelten Regionen der Erde. In diesem Zeitraum vergrößerte sich die Bevölkerung der Industrieländer um das 4,1-fache, die Bevölkerung der übrigen Weltregionen aber nur um das 2,9-fache. 1950 lebten in den Industriestaaten zusammen 832 Millionen Einwohner: Damals genau ein Drittel der Weltbevölkerung.
Seit dem Ende des Zweiten Weltkriegs haben sich die Gewichte verschoben. In den Industrieländern fiel und fällt der Zuwachs nur noch bescheiden aus. Geburtenbeschränkung und Familienplanung sind hier die Regel, nicht die Ausnahme. Immer mehr Menschen bleiben ehe- und kinderlos. Zugleich bremst die Altersstruktur jeden weiteren Geburtenzuwachs. Zwar wuchs auch die Einwohnerzahl der Industrieländer bis 1995 auf 1,14 Milliarden. Das sind jedoch nur noch 20 % der Weltbevölkerung. Bis 2025 rechnet die UNO (mittlere Variante) mit 1,22 Milliarden. Damit würden dann noch 15 % aller Menschen in den entwickelten Industriestaaten von heute leben.
Die größte Gruppe unter den Industriestaaten bilden die 19 EU- und EFTA-Staaten mit derzeit 383 Millionen Einwohnern. In der östlichen Hälfte Europas (ohne Rußland) leben 198 Millionen Menschen in 18 mehrheitlich recht jungen Nationalstaaten. Nur halb zu Europa zählen schließlich Rußland und die Türkei mit zusammen 215 Millionen Einwohnern. Je nach Zählweise und Grenzziehung umfaßt Europas Bevölkerung Mitte der 90er Jahre somit zwischen 581 und knapp 800 Millionen Menschen, darunter auch mehrere Millionen eingewanderte Nicht-Europäer.
Bevölkerungsreichster Industriestaat sind die USA mit (1995) 263 Millionen Einwohnern. Zur ›entwickelten Welt‹ gehören auch Japan (125 Millionen), Kanada, Australien und Neuseeland.

Zwischen 1960 und 1992 wuchs die Einwohnerzahl aller (heutigen) EU- und EFTA-Staaten um 52 Millionen (+16%). In der östlichen Hälfte Europas lebten zu Anfang der 90er Jahre 39 Millionen mehr (+25%) als zu Beginn der 60er Jahre. Noch etwas größer war in dieser Zeit das Tempo des Bevölkerungswachstums in Rußland (+31 Millionen bzw. +27%). Beträchtlich war das Wachstum auch in den USA (+38%), in Kanada (+49%), in Australien (+69%) und in Japan (+31%).
Fast überall in Europa schwächten sich die Zuwächse während der 70er und 80er Jahre deutlich ab. Heute wächst Europas Bevölkerung nur noch um 0,1–0,3% pro Jahr. In einer Reihe von Ländern ist die Zahl der Einwohner bereits rückläufig – unter anderem in Bulgarien und Ungarn, in

Abb. 3: Verteilung der Weltbevölkerung

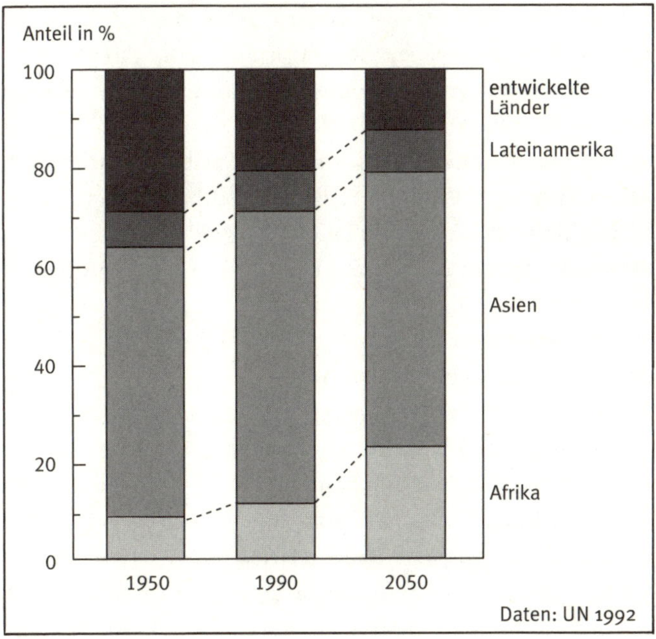

Estland und Lettland sowie in Irland. Deutschland würde ohne die Zuwanderung von Ausländern und Aussiedlern ebenfalls schrumpfen.

Das Bevölkerungswachstum konzentriert sich heute fast ausschließlich auf die Entwicklungsländer. Dabei dürfen wir eines nicht übersehen. Trotz des enormen Nord-Süd-Gegensatzes bestehen auch zwischen einzelnen Regionen des Südens beträchtliche Unterschiede. In Lateinamerika verlangsamte sich das Wachstum bereits Ende der 60er Jahre. Heute liegt die Wachstumsrate mit 1,84% pro Jahr knapp unter dem Gesamtdurchschnitt der Entwicklungsländer. Es gibt aber auch in dieser Region Länder mit hohem Wachstumstempo. So vergrößerte sich die Bevölkerung in Nicaragua und Honduras Anfang der 90er Jahre um 3% pro Jahr. Auch andere lateinamerikanische Länder hatten über die zurückliegenden 40 Jahre erhebliche Zuwächse. In Venezuela stieg die Zahl der Einwohner zwischen 1950 und 1990 um das 3,8-fache, in Honduras um das 3,6-fache, in Costa Rica um das 3,5fache. In weiteren 7 lateinamerikanischen Ländern verdreifachte sich die Bevölkerung seit 1950.

1950 lebten in Lateinamerika und der Karibik 165 Millionen Menschen; damals knapp 6,5% der Weltbevölkerung. 1995 lebten in dieser Weltregion bereits 482 Millionen Menschen (8,4% der Weltbevölkerung). Die UNO rechnet damit, daß sich die Zahl der Einwohner Lateinamerikas und der Karibik auf 710 Millionen im Jahr 2025 erhöhen wird. Das wären dann 8,6% der Weltbevölkerung.

In Asien erfolgte der Trendbruch zu kleineren Wachstumsraten erst in der ersten Hälfte der 70er Jahre. Heute wächst die Bevölkerung Asiens jährlich um 1,78%. Mehr als ein Drittel der Bevölkerung dieser Region lebt in China (1995: 1,22 Milliarden). Deshalb wird die Entwicklung Asiens – und der Welt insgesamt – stark durch das beeinflußt, was in China passiert. In China ging das Wachstum in den 70er Jahren aufgrund einer repressiven Bevölkerungspolitik stark zurück. Es liegt heute bei 1,1 % pro Jahr. In einigen Teilen Asiens ist das Bevölkerungswachstum hingegen anhaltend hoch. In Südasien (Bangladesch, Indien, Pakistan, Sri Lanka) liegt es mit 2,1% pro Jahr (1990–95) über dem Durchschnitt aller Entwicklungsländer. In Südostasien liegt es bei 1,8 % jährlich, in Westasien bei 2,4 %.

In Afghanistan, Israel, Syrien, Jemen, Jordanien, Laos, den Malediven und Oman liegt das jährliche Wachstum nach wie vor über 3%. Auffällig ist, daß es sich dabei überwiegend um islamische Länder handelt. Im Fall von Israel spielt die Zuwanderung eine entscheidende Rolle. Auch in Afghanistan tragen rückkehrende Flüchtlinge fast genauso viel zum Zuwachs bei wie der Geburtenüberschuß.

Asien ist heute der bevölkerungsreichste Kontinent der Erde. Bereits 1950 lebten hier rund 55 % aller Menschen. 1995 waren es 3,5 Milliarden bzw. rund 60 %. Bis zum Jahr 2025 rechnet die UNO mit 4,9 Milliarden (mittlere Variante); das wären dann 60% der Weltbevölkerung.

Afrika ist die Region mit dem höchsten Bevölkerungswachstum. Das gilt sowohl für heute als auch im Vergleich mit historisch jemals an anderen Orten erreichten Wachstumsraten. Jedes Jahr nimmt die Zahl der Afrikaner um 2,8 % zu. Nach aktuellen Schätzungen begann sich dieses Tempo Ende der 80er Jahre etwas zu verringern. Ursache dafür sind die gesunkenen Kinderzahlen in Nordafrika und der einsetzende Fruchtbarkeitsrückgang im subsaharischen Afrika. So sank z.B. die Fertilität in Tunesien von durchschnittlich 7,1 Kindern (1960) auf 3,4 Kinder pro Frau (1991).

Selbst bei sinkender Kinderzahl pro Familie wird die afrikanische Bevölkerung noch etliche Jahre mit hohem Tempo weiterwachsen. Denn auch in den nächsten 15–20 Jahren wird jedes Jahr eine größere Zahl von Jugendlichen ins heirats- und fortpflanzungsfähige Alter kommen. Erst wenn sich die gerin-

geren Geburtenzahlen der letzten Jahre auch auf die Zahl potentieller Eltern auswirken, läßt dieser Effekt nach.
Anfang der 90er Jahre gab es weltweit 31 Länder mit einem jährlichen Bevölkerungswachstum von 3% und mehr. Davon lagen zwei Drittel in Afrika. Nur wenige afrikanische Länder haben bereits ein geringeres Wachstum erreicht. Das französische Überseegebiet Réunion und der Inselstaat Mauritius bilden mit jährlichen Wachstumsraten unter 2% in Afrika die Ausnahme. Einen bemerkenswerten Rückgang der Fruchtbarkeit gab es auch in Tunesien.
Selbst unter moderaten Annahmen wird sich der Anteil Afrikas an der Weltbevölkerung erheblich erhöhen. Im Jahr 1950 gab es 222 Millionen Afrikaner; damals knapp 9% aller Erdenbürger. 1995 leben auf diesem Kontinent bereits 728 Millionen Menschen (bzw. 12,7% der Weltbevölkerung). Für das Jahr 2025 rechnet die UNO (mittlere Variante) mit 1,5 Milliarden Afrikanern. Nahezu ein Fünftel der Menschheit wird dann auf diesem Kontinent leben.

2 Bevölkerungswachstum und ›Demographischer Übergang‹

Das kräftige Wachstum der Weltbevölkerung beruht auf dem bereits skizzierten demographischen Ungleichgewicht: Tag für Tag kommen rund 390 000 Kinder zur Welt, aber nur 125 000 Erdenbürger sterben. Pro Jahr sind das 140 Millionen Neugeborene und 45 Millionen Verstorbene. Für die bisherige Geschichte der Menschheit ist ein solches Ungleichgewicht untypisch.
In traditionellen bäuerlichen Gesellschaften wurden (und werden zum Teil bis heute) Kinder in Überzahl zur Welt gebracht. Daß jeder zweite Säugling seine Kindheit und Jugend im Europa des 18. Jahrhunderts und in weiten Teilen der Dritten Welt bis zur Mitte des 20. Jahrhunderts nicht

überlebte, hatten die Eltern bereits mit einkalkuliert. Hoch waren daher nicht nur die Sterberaten, sondern auch die Geburtenraten. Entsprechend klein blieb – wenn überhaupt – das jährliche Wachstum: Zwischen 10 000 v. Chr. und 1750 rund 0,1–0,2 % pro Jahr. Dann setzte in Europa der sogenannte ›demographische Übergang‹ ein.

2.1 ›Demographischer Übergang‹: Das Modell

Der Übergang zu modernen demographischen Verhältnissen beginnt jeweils mit einem deutlichen Rückgang der Sterblichkeit. Davor gibt es allenfalls starke Schwankungen durch Seuchen, Kriege und Naturkatastrophen. Doch ab einem bestimmten Zeitpunkt sinkt die jährliche Zahl der Verstorbenen pro 1000 Einwohner (= Sterberate). Später folgt ein Rückgang der Fruchtbarkeit. Damit reduziert sich die jährliche Zahl der Geburten pro 1000 Einwohner (= Geburtenrate). Solange die Sterblichkeit bereits sinkt, die Geburtenraten aber noch hoch sind, kommt es klarerweise

Abb. 4: Das Modell der demographischen Transition
Anmerkung: Geburten und Sterbefälle pro 1000 Einwohner und Jahr. Die Differenz ist das ›natürliche Bevölkerungswachstum‹.

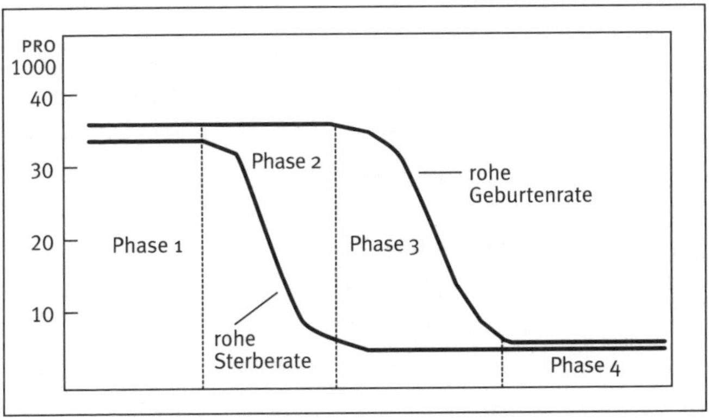

zu einem beträchtlichen Bevölkerungswachstum. Genau dies steckt hinter dem bereits angesprochenen Ungleichgewicht von Geburten und Sterbefällen. Es bringt die Bevölkerungsentwicklung aus der Balance und entfaltet seine eigene Wachstumsdynamik.

In seiner klassischen Form hat der ›demographische Übergang‹ vier Phasen (vgl. Abb. 4).

- Phase 1: In vorindustriellen Gesellschaften waren Geburten- und Sterberaten hoch. Die Sterblichkeit schwankte stark, mitunter von einem Jahr zum nächsten. Die durchschnittliche Lebenserwartung war gering. Die Bevölkerung wuchs – wenn überhaupt – nur sehr langsam.
- Phase 2: Mit Beginn gesellschaftlicher Modernisierung sinkt zuerst die Sterblichkeit. Die Lebenserwartung steigt. Da die durchschnittliche Kinderzahl anfänglich hoch bleibt, beginnt die Bevölkerung beträchtlich zu wachsen.
- Phase 3: Mit der Zeit reagieren die Familien mit einer Beschränkung der Kinderzahl auf die veränderten Lebensbedingungen. Die Geburtenrate sinkt. Das Bevölkerungswachstum geht wieder zurück.
- Phase 4: Zumindest in der Theorie sollten sich Geburten- und Sterberate auf niedrigem Niveau einpendeln. Die Bevölkerung wäre dann wieder stabil.

2.2 Unterschiede zwischen Theorie und Praxis

In der Praxis gibt es eine Reihe von Abweichungen vom skizzierten Modell (vgl. Abb. 4). Auffällig ist zum einen, daß nach Ende des demographischen Übergangs von Stabilität keine Rede sein kann. Tatsächlich sind die durchschnittlichen Kinderzahlen pro Familie in den Industriestaaten inzwischen so niedrig, daß deren einheimische Bevölkerungen längerfristig schrumpfen werden.

Entscheidend ist zum anderen ein wesentlicher Unterschied: In Europa und Nordamerika kam der Übergang zu niedriger

Sterblichkeit und weniger Geburten durch die Entstehung moderner, städtischer Industriegesellschaften ›von selbst‹ in Gang. In vielen Entwicklungsländern war und ist dies nicht der Fall. Die Sterblichkeit sank dort durch den massiven Einsatz von Agrochemie, Hungerhilfe und von hoch wirksamen Arzneimitteln aus den Industriestaaten. Auch ein Großteil der in Entwicklungsländern verwendeten Verhütungsmittel stammt aus Westeuropa und Nordamerika. Sie werden häufig aus Mitteln der Entwicklungshilfe finanziert. Durch diesen ›importierten‹ Fortschritt vollzieht sich der demographische Übergang heute in vielen Entwicklungsländern erheblich rascher als seinerzeit in Europa.

Die genannten Einflüsse und Eingriffe von außen sind in der Theorie des demographischen Übergangs nicht vorgesehen. Aber sie haben deutlich erkennbare Folgen. Die Einwohnerzahlen der europäischen Länder erhöhten sich im Verlauf der demographischen Transition zwischen 1800 und heute

Abb. 5: Demographische Transition in Schweden und Mexiko

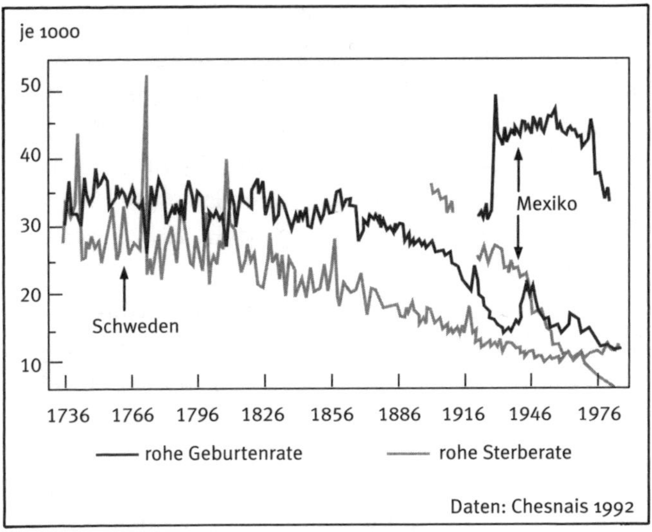

auf das Doppelte bis 4-fache. In den meisten Entwicklungsländern erwartet man hingegen einen Anstieg auf das 7–10-fache, bis es zu einer Stabilisierung kommt. Die Bevölkerung wächst dort um 2–3% pro Jahr, also in einem Tempo, das Europa und Nordamerika auch im 19. und frühen 20. Jahrhundert nie erreichten. Deshalb ist es angebracht, von einer ›Bevölkerungsexplosion‹ zu sprechen.

3 Die Verlängerung des Lebens

3.1 Sterblichkeitsrückgang in den entwickelten Ländern: Tempo, Ursachen

Die Verlängerung des Lebens und die Möglichkeit, Krankheiten zu heilen, gelten in allen Gesellschaften als Fortschritt. Die durchschnittliche Lebenserwartung gibt uns wesentliche Hinweise auf das Entwicklungsniveau und die Lebensqualität in einem Land oder einer historischen Epoche.

In keiner Phase der Menschheitsgeschichte ist die Sterblichkeit rascher gesunken als während der letzten 150 Jahre. In der ersten Hälfte des 19. Jahrhunderts mußten Eltern in Europa damit rechnen, daß eines von 4 Kindern seinen ersten Geburtstag und ein weiteres seinen 25. Geburtstag nicht erlebt. In Deutschland war die Säuglingssterblichkeit auch Mitte des 19. Jahrhunderts noch besonders hoch: 300 von 1000 Neugeborenen starben innerhalb ihres ersten Lebensjahres. In den Niederlanden erreichte die Hälfte des Geburtsjahrgangs 1840 den 38. Geburtstag, ein Viertel wurde älter als 63 Jahre.

In England begann die Sterblichkeit bereits Mitte des 18. Jahrhunderts zu sinken. Deutschland folgte im späten 19. Jahrhundert, Rußland erst nach 1900. Das Zusammenwirken verschiedener Faktoren bewirkte die starke Verringerung der Sterblichkeit:

- die Steigerung der Nahrungsmittelproduktion in der Landwirtschaft und die Verbesserung der Ernährung,

- die Revolutionierung des Transportwesens, wodurch eine schnellere Verteilung von Nahrungsmitteln und die Überbrückung lokaler Engpässe möglich wurde,
- die Verbesserung der öffentlichen Hygiene (Wasserversorgung, Abwasserentsorgung und Müllbeseitigung) und der privaten Hygiene (fließendes Wasser, regelmäßige Kleiderreinigung, eiserne Bettgestelle, Seife als Massenkonsumgut, Wohnungen in Steinhäusern),
- medizinischer und pharmazeutischer Fortschritt (Aseptik, Antiseptik, Impfungen auf breiter Basis, Zurückdrängung der Infektionskrankheiten),
- die Erhöhung des Bildungsniveaus und die veränderte Stellung der Kinder (Verbot der Kinderarbeit, Durchsetzung der Schulpflicht, Kindheit als eigene Lebensphase).

Diese Veränderungen waren eng mit der Industrialisierung verbunden. Und sie wurden wesentlich durch wirtschaftliche und soziale Fortschritte in Europa und Nordamerika getragen. Besonders in der zweiten Hälfte des 19. Jahrhunderts beschleunigte sich der Sterblichkeitsrückgang. Die durchschnittliche Lebenserwartung eines Neugeborenen in Europa betrug 1870 rund 40 Jahre. Bis Anfang des 20. Jahrhunderts stieg sie auf 50 Jahre, bis Ende der 30er Jahre auf 60 Jahre. Heute liegt die Lebenserwartung in mehr als 30 entwickelten Ländern bereits über 75 Jahre. Das ›Sterben vor der Zeit‹ ist in Europa und Nordamerika selten geworden. Im Gegensatz zu unseren Vorfahren verfügen wir heute über eine sichere Lebenszeit von 70–80 Jahren.

Die niedrigste Sterblichkeit haben derzeit Japan, Schweden und Island. Nur 5–6 von 1000 japanischen, schwedischen oder isländischen Säuglingen sterben im ersten Lebensjahr. Sie haben bei Geburt eine durchschnittliche Lebenserwartung von über 78 Jahren. Auch in den hochentwickelten Ländern bestehen jedoch nach wie vor beträchtliche Unterschiede zwischen verschiedenen sozialen Gruppen und Regionen.

In allen Industrieländern leben Frauen im Schnitt 5–6 Jahre länger als Männer. Auch Menschen mit höherem Einkommen und privilegierten Berufen haben eine höhere Lebenserwartung. Im Zuge des Ausbaus der öffentlichen Gesundheitsfürsorge hatte man noch vor wenigen Jahrzehnten eine Verringerung der sozialen Unterschiede beim Sterben erwartet. Sie ist jedoch nicht eingetreten. Offensichtlich sind Unterschiede im Lebensstil, bei der Ernährung und im sonstigen Verhalten für Gesundheit und Lebenserwartung heute wichtiger als die Qualität medizinischer Leistungen.

3.2 Rückgang der Sterblichkeit in Entwicklungsländern seit 1945: Exogene Ursachen

Die Dritte Welt holte seit dem Zweiten Weltkrieg durch einen raschen Rückgang der Sterblichkeit stark gegenüber den entwickelten Ländern auf. In den 50er Jahren war die Lebenserwartung in entwickelten Ländern im Schnitt noch um 25 Jahre höher als in den Entwicklungsländern. Heute beträgt der Unterschied nur noch 12 Jahre. Das Tempo des Sterblichkeitsrückganges in den Entwicklungsländern war wesentlich größer als im Europa des 19. Jahrhunderts. Europa brauchte 70 Jahre, um die Lebenserwartung von 40 auf 60 Jahre zu steigern. Alle Entwicklungsländer zusammen brauchten dafür nur die Hälfte der Zeit: Von 1950–1985.
In einigen Ländern Asiens, Afrikas und Lateinamerikas setzte bereits während der Kolonialzeit ein zunächst langsamer Sterblichkeitsrückgang ein. So ermöglichte es der Bau von Eisenbahnen z.B. in Indien – ähnlich wie in Europa –, lokale Nahrungsmittelengpässe wirkungsvoll zu beseitigen. Andere Faktoren, die die Verlängerung der Lebenszeit in Europa beschleunigten, wurden in den Kolonien jedoch nicht wirksam. Zu einem dynamischen Rückgang der Sterblichkeit kam es erst nach dem Zweiten Weltkrieg. Dieser Rückgang wurde – anders als in Europa – wesentlich durch den Import

Tab. 1: Sterblichkeit in Hauptregionen der Erde (in Jahren)

	Lebenserwartung bei Geburt			Säuglingssterblichkeit je 1000		
	1950-55	70-75	90-95	50-55	70-75	90-95
Entwickl.länder	40,9	54,6	62,9	179	104	70
Afrika	37,8	46,0	52,8	186	131	110
Asien	41,3	56,3	64,8	180	98	65
Lateinamerika	51,4	61,1	69,0	125	80	45
entwickelte Länder	66,5	71,2	74,3	59	21	10

Daten: UN 1994

wirksamer und zugleich billiger Mittel zur Bekämpfung epidemischer Krankheiten (Malaria, Cholera, Pocken u.a.) ermöglicht. Er war nicht vorrangig das Resultat von wirtschaftlichem und sozialem Fortschritt in den jeweiligen Ländern.

Ein gutes Beispiel für diese Phase des Sterblichkeitsrückgangs ist die Malariabekämpfung in Sri Lanka. Zwischen 1945 und 1947 war dort durch den Einsatz von DDT die für die Übertragung der Malaria wichtige Anophelesmücke ausgerottet worden. Dadurch sank die Anzahl der Malariaerkrankungen von 2,7 Millionen im Jahre 1946 auf 270 000 im Jahre 1952. Im Jahr 1961 wurden in Sri Lanka nur noch 17 Erkrankungen gemeldet. Die faktische Beseitigung von Malaria als Todesursache schlug sich umgehend in einem Anstieg der Lebenserwartung nieder. 1945/47 lag sie für Frauen bei 44,7 Jahren. Schon 1948 war die weibliche Lebenserwartung auf 53,3 Jahre gestiegen. Neben der Malariabekämpfung trug in diesen 3 Jahren auch der Ausbau des Gesundheitswesens zum Sterblichkeitsrückgang bei.

Ähnliche Erfolge bei der Bekämpfung epidemischer Krankheiten hatten auch andere Entwicklungsländer durch massiven Einsatz von Insektiziden, aber auch von Sulfonamiden und Antibiotika. 1972–76 wurden in einer Region in Kenia potentielle Überträger von Infektionskrankheiten mit Hilfe von Insektiziden vernichtet. In der Folge sank die rohe Sterberate unter den 17 000 Einwohnern von 23,9 pro Tausend auf 13,5 pro Tausend. Die Kindersterblichkeit sank von 157 auf 93 pro Tausend. In einer benachbarten Region, wo keine Insektizide eingesetzt wurden, blieben rohe Sterberate und Kindersterblichkeit auf dem alten Niveau.

Einen raschen Rückgang der Sterberaten in Asien, Afrika und Lateinamerika hatte die Wissenschaft in den 30er und 40er Jahren nicht erwartet. Nachdem er in den 50er Jahren nicht mehr zu übersehen war, erwartete man, daß sich das Tempo des Rückganges über eine längere Zeit fortsetzen würde. Dies war jedoch nicht der Fall: Der Anstieg der Lebenserwartung hat sich verlangsamt. In einigen Ländern stagniert dieser Prozeß. Die Sterblichkeit blieb bis heute in etlichen Ländern recht hoch, in anderen ist sie sogar gestiegen.

Offensichtlich können von außen wirkende Faktoren die Sterblichkeit nur bis auf ein bestimmtes Niveau senken. Jenseits dieser Schwelle sind weitere Fortschritte nur noch durch sozioökonomische Entwicklung in den betreffenden Ländern möglich. Das wird deutlich, wenn man den Zusammenhang zwischen Säuglingssterblichkeit und wirtschaftlichem Entwicklungsniveau analysiert. Dabei zeigt sich, daß eine geringere Säuglingssterblichkeit vor allem in Entwicklungsländern mit einem höheren Bruttosozialprodukt pro Kopf zu finden ist. Einige Entwicklungsländer haben sich schon stark den europäischen Verhältnissen angenähert. So war die Säuglingssterblichkeit in Süd-Korea Anfang der 90er Jahre nicht größer als in den GUS-Staaten.

Weiterhin relativ hoch ist die Säuglingssterblichkeit in den am wenigsten entwickelten Ländern, insbesondere im subsaharischen Afrika. Dort stirbt auch in Friedenszeiten noch jedes siebte Kind vor seinem ersten Geburtstag. Die durchschnittliche Lebenserwartung beträgt in vielen dieser

Abb. 6: Säuglingssterblichkeit und wirtschaftliches Entwicklungsniveau

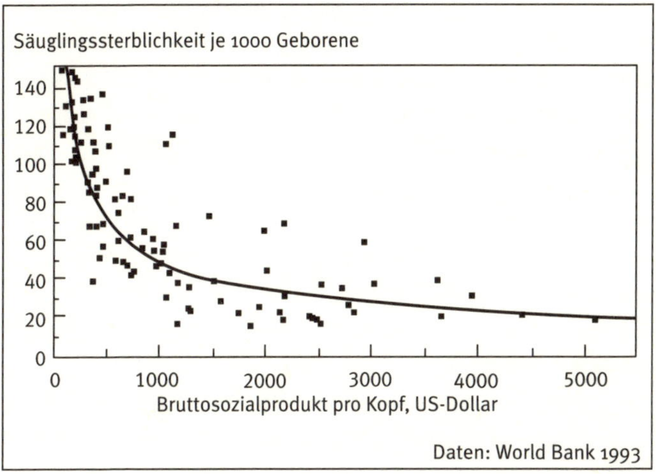

Länder unter 50 Jahre. Bei Bürgerkriegen und Hungersnöten steigt die Sterblichkeit stark an.

4 Auf dem langen Weg zur Zwei-Kinder-Familie

4.1 Wozu viele Kinder, warum weniger Kinder?

In traditionellen Gesellschaften waren und sind Kinder vor allem eine ökonomische Ressource. Eltern erwarten von ihnen, daß sie im bäuerlichen oder kleingewerblichen Familienbetrieb mitarbeiten. Oder es wird erwartet, daß die Kinder später einen Arbeitsplatz finden und Geld nach Hause schicken. Überdies waren und sind Kinder in traditionellen Gesellschaften, aber auch in heutigen Schwellenländern noch am ehesten Garanten der familiären Versorgung von Alten, Kranken und Hinterbliebenen.

All diese Gründe sprachen in der Vergangenheit und sprechen zum Teil noch heute für eine größere Zahl eigener Kinder. Sie sprachen bei hoher Sterblichkeit sogar dafür, Kinder in

Überzahl in die Welt zu setzen. Neben den ökonomischen Erwägungen sind es in vielen Kulturen auch religiöse und soziale Wertvorstellungen, die eine große Nachkommenschaft begünstigen.
Erst wenn es den Eltern selbst keine Vorteile mehr bringt, möglichst viele Kinder zu haben, entsteht ein individuelles Motiv zur Geburtenbeschränkung. Sinkende Säuglings- und Kindersterblichkeit kann dazu den Anstoß geben. Voraussetzung dafür ist allerdings, daß sich Eltern von der traditionellen Vorstellung eines gottgewollten oder schicksalhaften Kindersegens lösen. Erst dann werden Familienplanung und Geburtenkontrolle denkbar. Voraussetzung ist ein gewisses Maß an Rationalität und die Bereitschaft zu vorausschauender Lebensplanung. Ohne diese Voraussetzungen fehlen die Grundlagen dafür, daß sich jemand eine bestimmte Zahl von Kindern wünscht und sich dementsprechend verhält.
Der Wunsch nach weniger Kindern und konkrete Vorstellungen über den richtigen Zeitpunkt der Familiengründung lassen sich erst verwirklichen, wenn potentielle Eltern Zugang zu Mitteln und Methoden der Geburtenkontrolle haben. In vielen Gesellschaften verringern allerdings auch Sexualtabus, ein Hinausschieben der Eheschließung und das Verbot der Wiederverheiratung die Kinderzahl.

4.2 Rückgang der Kinderzahlen im Europa des 19. Jahrhunderts

Mit der Einschränkung der Geburten begannen in Europa zuerst die Oberschichten. Sie hatten an einer Zersplitterung des jeweiligen Familienerbes kein Interesse. Erst im 19. und frühen 20. Jahrhundert folgten in Europa die städtischen Mittelschichten, vor allem gewerbliche Kleinproduzenten, Angestellte und Beamte, für die eine große Kinderzahl keinerlei ökonomischen Vorteil, sondern zusätzliche Belastungen brachte. Hinzu kam die Gründung gesetzlicher Renten- und

Krankenkassen für Angestellte und Beamte. Die soziale Absicherung hing nun nicht mehr an der eigenen Familie.
Mit einer gewissen Verzögerung begannen im 20. Jahrhundert auch Arbeiter ihre Geburten zu beschränken. Als letzte große soziale Gruppe verringerten in Europa und Nordamerika die Bauern ihre Kinderzahlen. Ihr Interesse an weniger Kindern entstand erst durch die Vollmechanisierung weiter Bereiche der Landwirtschaft, aber auch durch ihre Einbeziehung in das soziale Sicherungssystem.
Seitdem Kinder in Europa und Nordamerika ihren Eltern kaum noch ökonomische Vorteile bringen, aber erhebliche Kosten erzeugen und immer mehr Zeit für ihre Erziehung nötig wird, ist es mit den hohen Geburtenzahlen vorbei.
Vorreiter dieser Entwicklung war Frankreich, wo die Geburten schon in der ersten Hälfte des 19. Jahrhunderts zurückgingen. Im letzten Viertel des 19. Jahrhunderts folgten Großbritannien, Belgien und Schweden; um 1900 Deutschland und Österreich-Ungarn. In Rußland und vielen Ländern Osteuropas begann die Geburtenrate erst in der Zwischenkriegszeit zu sinken.

4.3 Voraussetzungen des Rückgangs in Entwicklungsländern

In etlichen Gesellschaften Ostasiens und Lateinamerikas geht die Entwicklung in eine ähnliche Richtung. Einige Länder – darunter die Volksrepublik China und Singapur – betreiben eine sehr restriktive Bevölkerungspolitik. In den meisten Entwicklungsländern mit sinkenden Geburtenraten ist die Hebung des Bildungsniveaus, die Verlängerung der Ausbildungszeiten und die damit verbundene spätere Heirat der Frauen von entscheidendem Einfluß. Berufstätigkeit außer Haus und ein eigenes Einkommen verändern die Stellung von Frauen auch innerhalb der Familie. Und beides läßt sich mit häufiger Schwangerschaft und einer größeren Kinderzahl schlecht vereinbaren.
In fast allen Entwicklungsländern entstanden und entstehen

soziale Gruppen, die ein Eigeninteresse an der Beschränkung ihrer Kinderzahl haben. Dies gilt insbesondere für die städtischen Mittelschichten. Das soziale Vorbild dieser Gruppen vermag andere Teile der Bevölkerung zu beeinflussen. In solchen Fällen helfen geeignete Familienplanungsprogramme, den Geburtenrückgang zu beschleunigen. Aber auch die Einführung der allgemeinen Schulpflicht, die Erhebung von Schulgeld und ein generelles Verbot der Kinderarbeit zeigen ihre Wirkung. Kinder werden dadurch immer mehr von einer Einkommensquelle zu einem Kostenfaktor.

Untersuchungen aus vielen Ländern zeigen, daß der Wunsch nach weniger Kindern bei Frauen stärker ausgeprägt ist als bei Männern. Ganz entscheidend zum Geburtenrückgang trägt daher alles bei, was die Stellung von Frauen in Entwicklungsgesellschaften stärkt. Dazu gehören u.a. eine stärkere rechtliche und soziale Stellung innerhalb und außerhalb der Familie, eine bessere Ausbildung, die Bekämpfung des Analphabetismus, Arbeitsplätze und Verdienstmöglichkeiten sowie eine bessere medizinische Versorgung von Frauen.

Gesellschaftliche Modernisierung führt nicht in allen Fällen zu weniger Kindern. Unter bestimmten Voraussetzungen ist das Gegenteil der Fall. Unstrittig ist jedenfalls der Einfluß von Ernährung und medizinischer Versorgung. Verbessert sich beides, dann tritt in der Regel die Geschlechtsreife früher ein und unfreiwillige Sterilität wird seltener. Weniger auf der Hand liegt der Einfluß, den die Auflösung traditioneller sozialer Normen und Tabus ausübt. So vermochten Heiratsnormen und Eheverbote, etwa ein traditionell festgelegtes Heiratsalter oder das Verbot der Wiederverheiratung von Witwen, die Zahl der Kinder zu beschränken. Gleiches gilt für Gebote sexueller Enthaltsamkeit während religiöser Fastenzeiten oder nach Geburten und Abtreibungen. Diese Regeln und Tabus wirkten geburtenbeschränkend, ohne daß dies all jenen, die sich daran hielten, immer bewußt war. Der

Bruch mit Traditionen beseitigt jeweils einen Teil dieser Beschränkungen.
In ähnlicher Weise wirken sich kürzere Stillzeiten in wenig entwickelten Gesellschaften aus. Denn während der Stillperiode ist die Wahrscheinlichkeit, daß die Mutter wieder schwanger wird, sehr gering. Sobald Frauen ihre Neugeborenen nicht mehr 2 Jahre lang, sondern nur noch wenige Wochen oder Monate stillen und dann auf künstliche Babynahrung umsteigen, verkürzt sich der natürliche Empfängnisschutz beträchtlich.

4.4 Rückgang der Fruchtbarkeit in Entwicklungsländern

Zwischen 1950 und 1990 sank die Fruchtbarkeit in Entwicklungsländern um etwa 40%. Anfang der 50er Jahre lag der Schnitt noch bei 6 Kindern pro Frau, heute sind es nur noch 3,5. Dabei fällt allerdings der Rückgang in China auf 2 Kinder (1990/95) besonders ins Gewicht. In den übrigen Entwicklungsländern liegt die Fruchtbarkeit im Schnitt noch bei 4,4 Kindern pro Frau.
Der Rückgang setzte in den 60er Jahren zuerst in Lateinamerika ein. Diese Weltregion verzeichnete bis heute insgesamt die stärkste Abnahme. In einigen lateinamerikanischen Ländern war die Fruchtbarkeit bereits in den 50er Jahren relativ niedrig, so z.B. in Argentinien und Uruguay. Dort herrschten schon um die Mitte des 20. Jahrhunderts ›europäische Verhältnisse‹. In beiden Ländern kam es in der Folge nur noch zu einem geringen Rückgang der Kinderzahlen. Im Gegensatz dazu sank die Fertilität in Brasilien, Mexiko, Kolumbien und Costa Rica von einem relativ hohen Niveau Mitte der 50er Jahre bis heute um mehr als die Hälfte. 1990 hatten nur noch 7 lateinamerikanische Länder eine Fruchtbarkeit von über 4 Kindern. Im französischen Überseegebiet Martinique, in Kuba und in Barbados liegt die Fruchtbarkeit heute bereits unter 2 Kindern pro Frau.

In Asien war der Fruchtbarkeitsrückgang während der letzten 40 Jahre insgesamt fast genauso stark wie in Lateinamerika. Er setzte jedoch später ein und verlief während der 70er Jahre schneller. Am raschesten war das Tempo in China, Hongkong, Singapur, Thailand und Süd-Korea. Historisch ist ein solches Tempo anderswo bisher kaum je erreicht worden.

Tab. 2: Fruchtbarkeit in Hauptregionen, der Erde (Kinder je Frau)

	1950-55	1970-75	1990-95
Entwicklungsländer	6,13	5,39	3,48
Afrika	6,64	6,55	5,80
Asien	5,86	5,06	3,03
Lateinamerika	5,87	4,98	3,09
entwickelte Länder	2,77	2,11	1,70

Daten: UN 1994

In den USA dauerte es 58 Jahre (von 1842–1900), bis die Fruchtbarkeit von 6 auf 3,5 Kinder gesunken war. Thailand brauchte für einen Rückgang der Kinderzahl von 6,2 auf 2,2 nur 17 Jahre (1970–1987).

Neuere Daten zeigen, daß inzwischen auch in einigen afrikanischen Ländern ein dynamischer Fruchtbarkeitsrückgang eingesetzt hat. Kenia gilt heute als Vorreiter. Noch 1979 wurden dort 7,9 Kinder pro Frau registriert, 1990/93 waren es nur noch 5,4 Kinder (-2,5 Kinder in 13 Jahren). Dieses Tempo ist durchaus mit dem raschen Rückgang in einigen asiatischen Ländern vergleichbar. Im Gegensatz dazu stiegen die Kinderzahlen jedoch im Zeitraum 1950–1990 in 23 anderen afrikanischen Ländern. Ursache dafür sind die bereits genannten fruchtbarkeitssteigernden Nebenwirkungen von Modernisierung, z. B. verkürzte Stillzeiten sowie die Auflösung sozialer und religiöser Tabus. Besonders stark war der Anstieg in Angola, Gabun, Malawi, Ruanda, in der Zentralafrikanischen Republik und in Zaire. Angesichts solcher

Entwicklungen ist das Einsetzen eines Fruchtbarkeitsrückgangs in Teilen Afrikas zwar ermutigend. Wir dürfen aber nicht übersehen, daß die durchschnittliche Kinderzahl in Afrika Anfang der 90er Jahre mit 5,8 immer noch fast doppelt so groß war wie in Lateinamerika. Überall in Entwicklungsländern ist geringere Fruchtbarkeit mit einer stärkeren Nutzung von Empfängnisverhütung verbunden (vgl. Abb. 7).

Abb. 7: Fruchtbarkeit und Kontrazeption

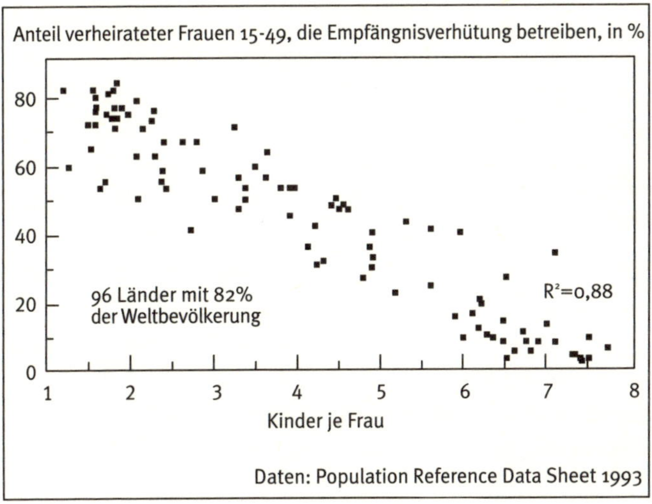

Analysiert man die Entwicklung der Fruchtbarkeit in Entwicklungsländern für die letzten 40 Jahre auf nationaler Ebene, so ergibt sich folgendes Bild:

- In einem guten Viertel der Entwicklungsländer stieg die Fruchtbarkeit seit den 50er Jahren entweder an, oder sie stagnierte auf einem hohen Niveau. 306 Millionen Menschen lebten Anfang der 90er Jahre in diesen Ländern, die meisten von ihnen im subsaharischen Afrika. In den Ländern dieser Gruppe bekommen die Frauen durchschnittlich immer noch 7 Kinder.

- Zu einem moderaten bis deutlichen Rückgang der Fruchtbarkeit zwischen 5 % und 40 % kam es 1950–1990 in 50 Entwicklungsländern. Dort lebten Anfang der 90er Jahre zusammen mehr als 40% der Bevölkerung der Entwicklungsländer (2 Milliarden Menschen). Die Fruchtbarkeit liegt in dieser Gruppe von Ländern heute im Durchschnitt bei 4,5 Kindern.
- In einem knappen Drittel aller Entwicklungsländer betrug der Rückgang der Fruchtbarkeit seit 1950 mehr als 40%. In diesen Ländern (ohne China) leben heute 850 Millionen Menschen. Sie sind mit 2,5 Kindern vom Ziel der Zwei-Kinder-Familie nicht mehr weit entfernt. Auch China (2 Kinder) gehört mit einem Fruchtbarkeitsrückgang um mehr als 60% (1950–1990) zu dieser Gruppe. Insgesamt lebt in dieser Gruppe fast die Hälfte der Bevölkerung der Dritten Welt.

Falls der Rückgang in Zukunft dem Trend der letzten 15 Jahre folgt, dann werden mehr als 60 Entwicklungsländer das Ziel der Zwei-Kinder-Familie erst nach dem Jahr 2020 erreichen. In 20 afrikanischen Ländern, wo der Rückgang bisher noch gar nicht voll eingesetzt hat, wäre das sogar erst zwischen 2050 und 2080 der Fall.

5 Auswirkungen hohen Bevölkerungswachstums

5.1 Bevölkerungsoptimisten und Skeptiker

Die Folgen raschen Bevölkerungswachstums werden von Fachleuten recht unterschiedlich eingeschätzt. Sie sind offenbar nicht in allen Ländern und zu allen Zeiten gleich. Die ›Optimisten‹ sind der Auffassung, daß die positiven Wirkungen des Bevölkerungswachstums überwiegen. Eine höhere Bevölkerungszahl bedeutet einen größeren Binnenmarkt und ermöglicht eine höhere Produktivität. Dieser Zusammenhang konnte in der europäischen Wirtschaftsgeschichte beobachtet werden. Dort erleichterte eine höhere Bevölkerungsdichte auch den Ausbau einer leistungsfähigen Infrastruktur. Außerdem hört man immer wieder, daß Bevölkerungsdruck zu innovativen Lösungen zwingt und in einer größeren Bevölkerung jeweils auch mehr Hochbegabte zu finden sind.

Für die ›Bevölkerungspessimisten‹ überwiegen heute die negativen Folgen des raschen Bevölkerungswachstums. Sie verweisen auf die Unterschiede zwischen dem Europa des 19. Jahrhunderts und den heutigen Entwicklungsländern. So lag das jährliche Bevölkerungswachstum in Europa nur für kurze Zeit über 1%, während es in etlichen Entwicklungsländern heute noch höher als 3% ist. Außerdem konnten die Europäer einen Teil ihres Bevölkerungsproblems durch Auswanderung nach Übersee lösen. Im Weltmaßstab ist dies unmöglich.

Noch wichtiger ist ein qualitativer Unterschied. In Europa war der demographische Übergang Bestandteil der gesellschaftlichen Umwälzung von der traditionellen Agrargesellschaft zur modernen Industrie- und Dienstleistungsgesellschaft. In weiten Teilen des Südens kam und kommt der Anstoß zur Veränderung von Sterblichkeit und Fruchtbarkeit hingegen von außen. Agrochemischer und medizinischer Fortschritt wurden ebenso importiert wie später auch moderne Verhütungsmittel. Aus diesen Gründen lassen sich die positiven Erfahrungen Europas bei der Bewältigung des Bevölkerungswachstums im 19. Jahrhundert kaum auf heutige Entwicklungsländer übertragen.

5.2 Mehr Menschen = mehr Wohlstand?

Für Gesellschaften mit hohen Kinderzahlen ist eine pyramidenförmige, also junge Altersstruktur typisch (vgl. Abb. 8). In dieser Alterspyramide ist jeder Geburtsjahrgang stärker besetzt als der jeweils ein Jahr ältere. Daraus ergeben sich eine Reihe von Konsequenzen. Die meisten Geborenen des

Abb. 8: Altersstruktur 1995

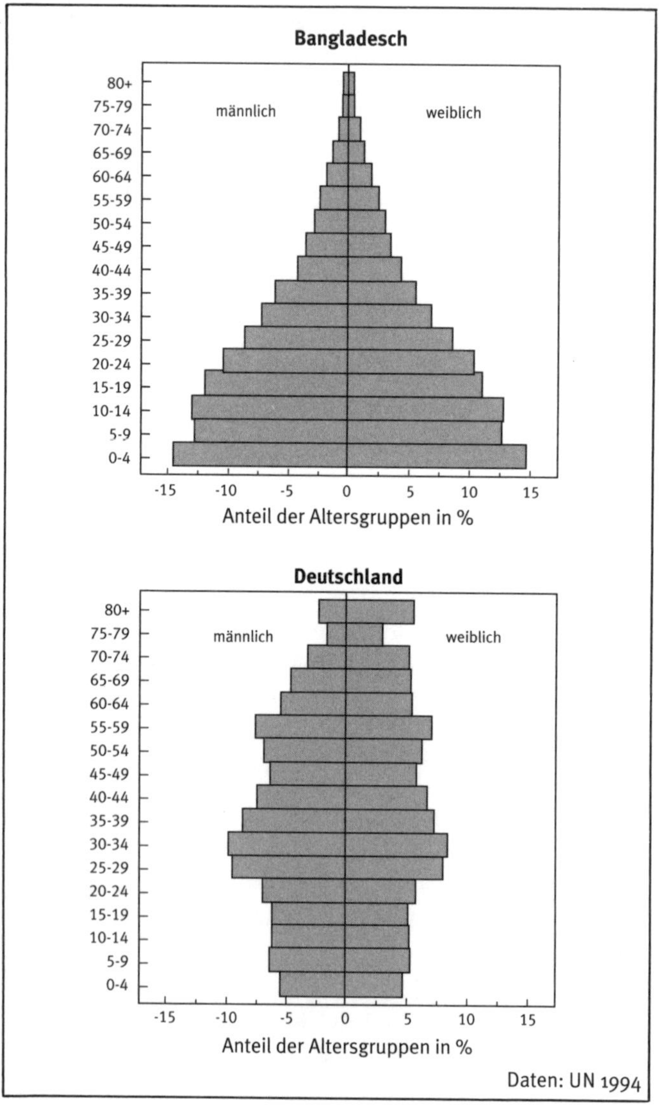

Jahres 1995 werden kurz nach der Jahrtausendwende eingeschult. Je nach Schuldauer werden sie das Bildungssystem zwischen 2008 und 2020 verlassen und dann Arbeit suchen. Bis dahin verursachen sie überwiegend Kosten für die Gesellschaft. Die ›Jugendlast‹ und die bei wachsender Zahl von Kindern und Jugendlichen benötigte Infrastruktur (Gesundheitseinrichtungen, Schulen, Ausbildungsplätze) binden in beträchtlichem Umfang wirtschaftliche Ressourcen der Entwicklungsländer. Die zunehmende Belastung des Bildungssystems und der Aufnahmefähigkeit des Arbeitsmarkts wird jedoch erst mit einer zeitlichen Verzögerung spürbar.

Jeder zweite Afrikaner ist heute jünger als 18 Jahre. In den entwickelten Ländern sind nur rund 20% der Bevölkerung in dieser Altersgruppe. Dafür gibt es hier einen viel höheren Anteil älterer Menschen. Und das bedeutet im Wohlfahrtsstaat: Höhere Rentenausgaben und höhere Kosten im Gesundheitssystem. Trotz der oft beklagten Altenlast in Industriestaaten dürfen wir nicht übersehen, daß der Anteil der Bevölkerung im arbeitsfähigen Alter an der gesamten Bevölkerung bei uns beträchtlich größer ist als in Entwicklungsländern.

Die höhere Jugendlast in Entwicklungsländern würde weniger ins Gewicht fallen, wenn die jedes Jahr zusätzlich ins arbeitsfähige Alter kommenden Jugendlichen ihren Lebensunterhalt selber verdienen und produktiv tätig werden könnten. Unterbeschäftigung und offene Arbeitslosigkeit lassen dies nicht zu. Meist fehlt es an Arbeitsplätzen, an Startkapital oder Ackerland. Bestehende Wirtschafts- und Machtstrukturen sowie gewachsene Mentalitäten behindern in vielen Ländern unternehmerische Initiativen.

Die Märkte für die traditionellen Rohstoffexporte sind begrenzt. Die Rohstoffpreise stagnieren oder sind starken Schwankungen unterworfen, auf die die Produzenten wenig Einfluß haben. Gleichzeitig gelingt es den Ländern des Südens in der Regel nicht, Agrarprodukte und industriell gefertigte Güter in größerem Umfang zu exportieren. Die Agrarmärkte des reichen Nordens sind weitgehend abgeschottet. Umgekehrt müssen die meisten Entwicklungsländer sowohl Energie (v.a. Erdöl) als auch Investitions- und Konsumgüter aus den Industriestaaten importieren. Selbst der Einsatz moderner und arbeitssparender Technologien in der Dritten Welt bietet keinen Ausweg aus dem Kreislauf zwischen Armut, Unterbeschäftigung und raschem Bevölkerungswachstum. Wenn viele Menschen keine Arbeit oder nur eine sehr gering bezahlte Arbeit finden, kann das Bevölkerungswachstum nicht wesentlich zu einer Erweiterung der Binnenmärkte beitragen. Stagnierende Einkommen und ihre extrem ungleiche Verteilung innerhalb der Gesellschaft verhindern das.

5.3 Ernährung

Vielen Entwicklungsländern fällt es schwer, ihre rasch wachsende Bevölkerung zu ernähren. Dies wird im subsaharischen Afrika besonders deutlich. Durch extensive Bewirtschaftungsmethoden wie Brandrodung und nomadische Viehwirtschaft konnte sich die Bevölkerung über Jahrhunderte ernähren. Ab einer bestimmten Bevölkerungsgröße ist dies nicht mehr möglich. Zunächst wird der Nutzungszyklus verkürzt. Die Fähigkeit der Böden und Öko-Systeme sich zu regenerieren, wird dabei vielfach überstrapaziert. In der Sahelzone führte die Überweidung zu einer Ausdehnung der Wüstenfläche. In Dürrejahren kommt es zu lokalen Hungersnöten. Ähnlich ist die Situation in Teilen Brasiliens und Indiens.
Der Übergang zu moderneren Bebauungsmethoden, die Erschließung und Bewässerung neuer Ackerflächen, der Einsatz von Düngemitteln und Pflanzenschutzmitteln sowie der Anbau besonders ertragreicher Sorten bieten zwar die Möglichkeit, die Nahrungsmittelproduktion beträchtlich zu steigern. Dies erfordert jedoch erhebliche Anlaufinvesti-

tionen und laufende finanzielle Mittel für den Ankauf von Saatgut und Kunstdünger. Diese Form moderner Agrarproduktion stößt in vielen Regionen über kurz oder lang an ökologische Grenzen. Überdies greift sie stark in bestehende soziale Strukturen ein. Die sogenannte ›Grüne Revolution‹ erhöhte zwar in vielen Entwicklungsländern kurzfristig die Nahrungsmittelproduktion. Doch sie begünstigte in erster Linie die leistungsstärkeren Agrarbetriebe. Zugleich wurden Millionen kleiner Bauern ruiniert. In vielen Ländern ist das Ausmaß des Hungers für die einheimische Bevölkerung nach der Grünen Revolution nicht geringer als zuvor.

Nach einer Schätzung der FAO blieb seit 1978 in 50 von 105 Entwicklungsländern die Steigerung der Nahrungsmittelproduktion hinter den Wachstum der Bevölkerung zurück: Die Pro-Kopf-Produktion sinkt. Die Ursachen liegen auf der Hand. Starkes Bevölkerungswachstum fordert ständig neue Investitionen in die Landwirtschaft. Ab einem bestimmten Punkt steigt dieser Aufwand überproportional. Die Ackerfläche muß zunehmend auf weniger fruchtbare Böden ausgedehnt werden. Die vorhandenen Wasserressourcen sind in der Regel begrenzt. Auch chemischer Dünger und Pestizide können die Erträge nicht ständig steigern. Irgendwann stehen viele Staaten der Dritten Welt daher vor dem Problem, daß die Landwirtschaft mit dem Tempo des Bevölkerungswachstums nicht mehr mithalten kann. Ab diesem Zeitpunkt sind diese Länder auf Importe oder internationale Hungerhilfe angewiesen. Diese Hungerhilfe beseitigt jedoch in vielen Fällen für die Bauern vor Ort jeden Anreiz, ihre eigene Agrarproduktion zu steigern und den Überschuß zu verkaufen. Denn die Hilfsgüter werden in der Regel gratis verteilt oder zu sehr niedrigen Preisen verkauft.

5.4 Erneuerbare und nichterneuerbare Ressourcen

Das Nachwachsen erneuerbarer Ressourcen ist durch eine rasche Ausdehnung der Anbauflächen und deren intensive Nutzung gefährdet. So werden in vielen Teilen der Welt die Wälder abgeholzt oder niedergebrannt, um neue Ackerflächen zu gewinnen. Das Bevölkerungswachstum belastet die natürlichen Ressourcen auch auf andere Weise. Für ca. 1,3 Milliarden Menschen in Entwicklungsländern ist Feuerholz heute der wichtigste und auf absehbare Zukunft unverzichtbare Brennstoff. Der Bedarf an Brennholz wird mit wachsender Bevölkerung in Zukunft noch erheblich steigen. In einigen Regionen wird auch das Wasser knapp.

Mit entsprechendem Aufwand lassen sich solche Probleme zumindest teilweise lösen, z.B. die Brennholzkrise durch verstärkte Wiederaufforstung, durch Umstellung auf schnell wachsende Bäume und durch beschleunigte Umstellung auf moderne Energieträger. Auch mit Wasser läßt sich in der Regel sparsamer umgehen, als dies heute der Fall ist. Allerdings wird die Problemlösung überall dort sehr teuer, wo die Bevölkerung eine bestimmte, für das lokale Ökosystem kritische Größe überschreitet. Erneuerbare Ressourcen, die unterhalb dieser Schwelle beinahe kostenlos verfügbar sind und quasi von selbst ›nachwachsen‹, werden knapp und müssen bezahlt werden. Sie werden zu einem Kostenfaktor.

Von manchen Experten wird das rasche Bevölkerungswachstum als Gefahr für den globalen Bestand an nichterneuerbaren Ressourcen gesehen. Bisher ist dies nicht der Fall. Der Pro-Kopf-Verbrauch von Energie und Rohstoffen ist in den meisten Entwicklungsländern sehr gering. Rund 75% des Energieverbrauchs gehen heute auf das Konto jener 22% der Menschheit, die in den Industriestaaten leben. An der Spitze stehen die USA, wo 4% der Weltbevölkerung Jahr für Jahr 20% der Weltenergie beanspruchen. Umgekehrt verbrauchen

78 % der Weltbevölkerung in den ärmeren Regionen der Erde nur ein Viertel der Weltenergie.
Heute trägt das Bevölkerungswachstum in Entwicklungsländern weniger zum Verbrauch von nichterneuerbaren Ressourcen bei, als die Konsumgewohnheiten des Westens. In Zukunft werden jedoch viele Menschen in der südlichen Hemisphäre unseren westlichen Lebensstil übernehmen. Mit der Industrialisierung und mit wirtschaftlichem Wachstum steigt auch in Asien, Afrika und Lateinamerika der Pro-Kopf-Verbrauch von Energie und Rohstoffen. Damit ist das öko-soziale Dilemma vorprogrammiert. Denn selbst eine bescheidene Erhöhung des Pro-Kopf-Verbrauchs in der Dritten Welt führt sehr rasch zu einem sehr viel größeren Weltenergiebedarf und zu mehr Emissionen. In jedem Fall wird der Anspruch auf Energie, Rohstoffe und Umweltbelastungen Mitte des nächsten Jahrhunderts für jeden Menschen größer sein können, wenn die Weltbevölkerung kleiner ist. Und er wird für die Menschen des Südens größer sein, wenn wir im Norden uns einschränken.

5.5 Die Sicht der Regierungen

Insgesamt überwiegen in den meisten Entwicklungsländern heute und auf absehbare Zeit die negativen Auswirkungen raschen Bevölkerungswachstums. Das schlägt sich auch in offiziellen Einschätzungen von Entwicklungsländer-Regierungen zum Bevölkerungswachstum und in ihrer Bevölkerungspolitik nieder. Dabei ist die Bewertung der ökonomischen und sozialen Auswirkungen des Bevölkerungswachstums seit Beginn der 80er Jahre erheblich negativer geworden. Auf der UN-Weltbevölkerungskonferenz 1974 in Bukarest waren noch zwei Drittel aller Entwicklungsländer mit ihrer Bevölkerungsentwicklung zufrieden. Die UNO befragt seither die Regierungen der Mitgliedsstaaten regelmäßig nach ihren Einschätzungen. Anfang der 90er Jahre zeigte sich: Von 131 Entwicklungsländern, die Auskunft gaben, schätzten 69 Länder ihr Bevölkerungswachstum als zu hoch ein. Dabei handelt es sich vor allem um bevölkerungsreiche Staaten. In ihnen lebten 1990 rund 85% der Bevölkerung der Dritten Welt. 61 Länder berichteten über nationale Anstrengungen zur Verringerung des Bevölkerungswachstums.

6 Das Wachstum der Städte

6.1 Dimensionen

Noch vor einigen Jahrzehnten wurden die Länder der Dritten Welt gelegentlich als eine ›Welt von Dörfern‹ bezeichnet. Die meisten Menschen in Asien, Afrika und Lateinamerika lebten auf dem Lande. Dieses Klischee hat heute kaum noch Berechtigung. In den entwickelten Ländern leben drei von vier Menschen in Städten. In den Ländern der Dritten Welt beträgt der Anteil der Stadtbewohner heute im Schnitt schon 36%. Die städtische Bevölkerung Asiens, Afrikas und Lateinamerikas ist in den letzten Jahrzehnten wesentlich schneller gewachsen als die Gesamtbevölkerung. Zu Beginn der 50er Jahre wuchs die städtische Bevölkerung dieser Regionen um mehr als 4% jährlich. Auch heute liegt die Zuwachsrate aller Dritte-Welt-Städte über 3,5% pro Jahr. In einzelnen Ländern, z.B. in Afghanistan, Botswana, Nepal und Tansania, wächst die Stadtbevölkerung Jahr für Jahr sogar um mehr als 6,5%. Für einige Entwicklungsländer ist eine hohe Verstädterung durch die geographischen Verhältnisse unausweichlich. Das gilt für Stadtstaaten wie Hongkong, Singapur und Djibouti. Das gilt aber auch überall dort, wo das Land von Wüsten dominiert wird, z.B. im Irak, in Libyen oder Saudi-Arabien. Der Trend zeigt sich aber auch in Entwicklungsländern, die einen hohen Urbanisierungsgrad erreicht haben, ohne daß sich dies durch rein geographische Faktoren erklären ließe. Argentinien (87%), Brasilien (78%) und Chile (85%) haben heute einen höheren Verstädterungsgrad als die USA (76 %). Lateinamerika erreicht als Region denselben Urbanisierungsgrad wie Europa: Drei Viertel aller Einwohner leben in Städten. Demgegenüber haben die meisten Länder Asiens und Afrikas noch einen stärker ländlichen Charakter. Dort lebt heute nur jeder dritte Mensch in einer Stadt. Nach Schätzungen der UNO dürfte sich dies jedoch bereits in den nächsten Dekaden erheblich ändern. 2025 werden voraussichtlich mehr als die Hälfte aller Einwohner Asiens und Afrikas Städter sein.

6.2 Megastädte

1950 gab es weltweit 8 Megastädte mit mehr als 5 Millionen Einwohnern. Nur 2 davon (Shanghai und Buenos Aires) befanden sich in der Dritten Welt. Heute gibt es bereits 39 Groß-Agglomerationen, von denen 28 in Entwicklungsländern liegen. Die größte europäische Stadt-Agglomeration ist der Großraum von Paris, allerdings erst auf Platz 20 der Städte-Rangliste.

Die Megastädte der Dritten Welt dehnen sich heute viel schneller aus, als die europäischen Metropolen in ihrer stärksten Wachstumsphase. London wuchs von Anfang des 19. Jahrhunderts bis 1919 von gut einer Million auf 7,3 Millionen Einwohner. Jakarta brauchte für einen ähnlichen Wachstumssprung nur 45 Jahre. Das städtische Wachstum in Entwicklungsländern entsteht sowohl durch Zuwanderung vom Land als auch durch den Geburtenüberschuß der Stadtbevölkerung. Letzterer trägt zwischen 20–50 % zum Wachstum der Stadtbevölkerung bei. In Europas Großstädten gab es im 19. und 20. Jahrhundert fast nie Geburtenüberschüsse. Sie wuchsen ausschließlich durch die Zuwanderung. Auch in den Megacities der Dritten Welt ist die Land-Stadt-Wanderung meist die wichtigere Ursache des raschen Bevölkerungswachstums.

Tabelle 3: Die 20 größten Stadt-Agglomerationen der Erde

Einwohner in 1000			Index 1994
	1950	1994	1950=1
Tokio	6 920	26 471	3,8
Sao Paulo	2 423	20 140	8,3
New York	12 339	16 273	1,3
Mexico City	3 147	15 458	4,9
Shanghai	5 333	14 821	2,8
Bombay	2 901	14 519	5,0
Los Angeles	4 046	12 218	3,0
Peking	3 913	12 117	3,1
Seoul	1 021	12 089	11,8
Buenos Aires	5 012	12 038	2,4
Kalkutta	4 446	11 487	2,6
Rio de Janeiro	2 864	11 470	4,0
Jakarta	1 452	10 830	7,5
Osaka	4 147	10 577	2,6
Tianjin	2 374	10 447	4,4
Manila	1 544	10 331	6,7
Lagos	288	9 778	34,0
Delhi	1 391	9 539	6,9
Kairo	2 410	9 449	3,9
Paris	5 441	9 427	1,7

Daten: *World Urbanization* 1993

6.3 Ursachen der Land-Stadt-Wanderung

Warum wandern jährlich Millionen Menschen vom Land in die Städte? Viele von ihnen hoffen, in der Stadt ein wesentlich höheres Einkommen erzielen zu können. Etablierte Städter verdienen in Entwicklungsländern in der Regel um ein Vielfaches mehr als Menschen auf dem Land. Die meisten Zugewanderten finden jedoch keine Arbeit im modernen Industrie- oder Dienstleistungssektor. Statt dessen bleiben sie zunächst arbeitslos oder müssen sich mit sehr gering bezahlten Beschäftigungen begnügen. Das zwingt die Neuzuwanderer in die Slums am Rande der Städte. Einigen Zugewanderten gelingt mit der Zeit der Sprung in eine besser bezahlte Beschäftigung im modernen Sektor. Ihr sozialer Aufstieg und der damit verbundene Einkommenssprung dienen in den jeweiligen Herkunftsorten als Vorbild und Anreiz für weitere Zuwanderer.

Neben den erhofften Einkommenschancen gibt es andere Gründe, in die Stadt zu ziehen. So ist die medizinische Versorgung in den Städten meist besser als auf dem Lande. Gleiches gilt für das Bildungswesen: Die Chancen, daß die eigenen Kinder eine gute Schule besuchen können, sind in der Stadt deutlich größer als in ländlichen Regionen. Gerade junge Migranten verlassen das Land aber auch, um den Bindungen und Verpflichtungen der Großfamilie zu entkommen. Moderne Massenmedien und das Bildungssystem tragen dazu bei, daß solche Bindungen zunehmend als Einengung erlebt werden. Die ›Lichter der Großstadt‹ versprechen sozialen Aufstieg, weniger soziale Kontrolle und den Kontakt mit der modernen Zivilisation.

Das starke Gefälle zwischen den Lebensbedingungen in Stadt und Land wurde in vielen Ländern durch staatliche Politik gefördert oder zumindest verstärkt. Zweifellos hat die entwicklungspolitische Bevorzugung der Städte – auch *Urban Bias* genannt – damit zu tun, daß dort die politischen und wirtschaftlichen Eliten leben. Und denen lag zweifellos zuerst an der Verbesserung ihrer eigenen Lebensbedingungen. Zudem galten die Städte der Dritten Welt lange Zeit als Kristallisationspunkte sozialer Modernisierung.

Führende Ökonomen setzten den Beitrag zusätzlicher Arbeitskräfte in der Subsistenz-Landwirtschaft zum Wohlstand eines Landes fast bei Null an. Deshalb könne deren Produktivität durch eine Abwanderung in die Stadt nur steigen. Diesem Verständnis folgten seit den 50er und 60er Jahren viele Entwicklungsländer-Regierungen und konzentrierten Investitionen und Entwicklungsprojekte vor allem auf die Industrie sowie auf die städtische und überregionale Infrastruktur.

Preisobergrenzen für Agrarprodukte sollten die Lebenshaltungskosten in den Städten verringern. Aber dies reduzierte zugleich die Einkommen der Bauern. Überbewertete lokale Währungen machten den Import von Gütern billiger, die vor allem in den Städten nachgefragt wurden, erschwerten jedoch den Export von Agrarprodukten. Für die Bevorzugung der Städte gab und gibt es bis heute auch ein anderes Kalkül: Die politische Stabilität vieler Entwicklungsländer und das Überleben der an der Macht befindlichen Eliten hängt wesentlich mehr von der Bevölkerung der großen Städte, insbesondere der Hauptstadt ab als von der Landbevölkerung.

6.4 Nachteile der hohen Urbanisierung

Die rasche Verstädterung hat in vielen Ländern Entwicklungsländer nicht die Modernisierung beschleunigt, sondern zu neuen Problemen geführt. Sie verlief – anders als im Europa des 19. Jahrhunderts – in einem Tempo, mit dem die industrielle Produktion, der Arbeitsmarkt und die städtischen Infrastrukturen nicht mithalten konnten. Dadurch wuchs in den Stadt-Agglomerationen vor allem die marginalisierte Bevölkerung beträchtlich. An der raschen Ausdehnung der Slums ist dies besonders deutlich ablesbar.

Diese spontan entstandenen Ansiedlungen bieten ihren Bewohnern in der Regel keine öffentliche Infrastruktur. Es gibt kein fließendes Wasser, keine Abwasserbeseitigung, keine Müllabfuhr, keine Schulen oder Krankenhäuser, häufig auch keine Strom- und Telefonanschlüsse. Es gibt in vielen Fällen nicht einmal eine Anbindung an öffentliche Verkehrsmittel. Die Unterkünfte sind meist in Eigenregie aus Wellblech oder Sperrholz zusammengebaut. Diese Lebensbedingungen und fehlende Arbeitsplätze belasten die Gesundheit der Bewohner und fördern Kriminalität, Alkoholismus und Prostitution. In vielen Städten der Dritten Welt ist die Slumbevölkerung rasch gewachsen. Man schätzt, daß in der zweiten Hälfte der 80er Jahre 72 von 100 neugegründeten Haushalten in Slums, Favelas, Barriadas oder Bidonvilles entstanden sind. In Kinshasa, Kairo, Ankara oder Bogotá liegt der Anteil der Slumbewohner heute bei 60 %. Noch höher ist er in Addis Abeba, Casablanca und Kalkutta. Wenig Erfolg hatten bisher städtische Erneuerungsprogramme. Wenn es gelang, die Lebensbedingungen in den Slums durch den Ausbau der Infrastruktur zu verbessern, wurden dadurch meist neue Zuwanderer angelockt. Der fortgesetzte Zustrom überforderte sehr schnell auch die nachträglich geschaffene Infrastruktur. Eine wirkungsvolle Raumordnungs- und Entwicklungspolitik muß auch andere Wege beschreiten. Sie muß die ländlichen Regionen wieder attraktiver machen und damit zentrale Ursachen der Land-Stadt-Wanderung angehen.

7 Bevölkerungspolitik und Familienplanung

7.1 Geburtenkontrolle – ein Menschenrecht

Die informierte und verantwortungsbewußte Entscheidung über die Zahl der eigenen Kinder und den Zeitpunkt ihrer Geburten ist ein grundlegendes Menschenrecht. Das wird heute allgemein anerkannt und schlägt sich in einer Reihe internationaler Dokumente und Konventionen nieder.

Die Durchsetzung des Menschenrechtes auf selbstbestimmte Elternschaft ist an eine Reihe von Voraussetzungen gebunden. Die potentiellen Eltern benötigen ausreichende Information und die Mittel zur Realisierung ihrer Vorstellungen. Dazu gehört sowohl der Zugang zu wirkungsvollen Kontrazeptiva als auch Hilfe während der Schwangerschaft und bei der Entbindung sowie die gesundheitliche Betreuung von Mutter und Kind.

Dies zu ermöglichen, ist eine zentrale Aufgabe staatlicher Familien- und Gesundheitspolitik. Zugleich hat staatliche Politik aber auch das Recht, die individuelle Entscheidung potentieller Eltern durch Aufklärung, durch Beihilfen, steuerliche Begünstigungen oder andere ökonomische Anreize zu ›beeinflussen‹. Der Bevölkerungspolitik sind dabei klare ethische Grenzen gesetzt: Sie darf gesellschaftliche Zielvorstellungen (z.B. die Zwei-Kinder-Familie, Vermeidung von Schwangerschaften vor dem 18. Lebensjahr) formulieren. Aber sie muß die freie Entscheidung der Paare und Individuen ermöglichen und respektieren.

7.2 Möglichkeiten der Einflußnahme

In Europa ist Geburtenförderung in den meisten Ländern ein Ziel von Familienpolitik. Im Vordergrund stehen bei uns Zahlungen und Leistungen zugunsten von Schwangeren und von Eltern mit minderjährigen Kindern. In der Dritten Welt geht es dagegen um eine Verringerung des Bevölkerungswachstums, also um weniger Kinder pro Familie. Staatliche Politik hat dabei zwei Möglichkeiten: Sie kann versuchen, den Wunsch nach Kindern zu verringern. Und sie kann Maßnahmen setzen, die den bereits bestehenden Bedarf an Familienplanung besser befriedigen.

Für viele Eltern in der Dritten Welt sind Kinder eine wichtige, vielleicht sogar die wichtigste Investition in die eigene Zukunft. Erst dort, wo dies nicht mehr der Fall ist, verringert sich auch der Wunsch nach einer größeren Zahl eigener Kinder. Der Staat kann durch seine Bildungspolitik, durch die Schaffung zusätzlicher Beschäftigungsmöglichkeiten für Frauen und ganz allgemein durch Modernisierung der Gesellschaft dazu beitragen, daß der Kinderwunsch sinkt. Damit verringert eine breit angelegte, erfolgreiche Entwicklungspolitik zugleich das Bevölkerungswachstum. Sie kann ihre Wirkung jedoch nur auf lange Sicht entfalten. Ebenfalls nur langfristig wirkt die

Einführung von Systemen der Renten-, Kranken- und Hinterbliebenenversicherung. Aber dort, wo diese funktionieren, sind die Versicherten nicht mehr unmittelbar auf die Versorgung durch ihre eigenen Kinder angewiesen.

Über 30 Entwicklungsländer haben in der Vergangenheit versucht, den Kinderwunsch der Familien durch Anreize und Sanktionen zu beeinflussen. So verringern sich in einigen Ländern die Beihilfen für Kinder und werdende Mütter oder die Abschläge bei der Lohn- und Einkommensteuer, sobald eine bestimmte Kinderzahl überschritten ist. Andere Länder begünstigen Kinder aus kleinen Familien bei der Zulassung zu Schulen oder ignorieren die Familiengröße bei der Verteilung von staatlichen Wohnungen. China ist das Land, welches Anreize und Sanktionen bisher am stärksten eingesetzt hat. Kritiker sind der Meinung, daß die ethischen Grenzen solcher Einflußnahme durch die repressiven Maßnahmen der chinesischen Familienpolitik überschritten wurden. Umstritten ist überdies der langfristige Erfolg einer Geburtenbeschränkung, die nur unter Zwang zustande kommt.

In weiten Teilen der Dritten Welt geht es nicht um Zwangsmaßnahmen, sondern um besseren Zugang zu Familienplanung und Verhütungsmitteln. Denn viele Paare wünschen heute bereits kein weiteres Kind mehr, oder sie möchten das nächste Kind frühestens in 2–3 Jahren haben. Darunter sind auch viele, die gegenwärtig keine wirksame Empfängnisverhütung betreiben. Dafür gibt es verschiedene Gründe. Oft fehlen verständliche, ausführliche und glaubhafte Informationen über die vorhandenen Methoden, ihre Besonderheiten und Nebenwirkungen. Aufklärungs- und Informationskampagnen können die Akzeptanz moderner Kontrazeptiva erhöhen und den Zugang erleichtern. Zumeist ist jedoch eine qualifizierte, individuelle Beratung der Paare und insbesondere der Frauen erforderlich.

Ein großer Teil der armen Landbevölkerung, aber auch viele, die in den Slums der Großstädte leben, haben kaum Zugang zu modernen Kontrazeptiva. Hinzu kommt ein finanzielles Problem. In den meisten Entwicklungsländern müßte ein Paar für die Pille oder für Kondome auf dem freien Markt mehr als 5 % des Familieneinkommens aufwenden.
Bei Paaren, die mit der Entscheidung für Geburtenkontrolle noch schwanken oder sich über die Zahl eigener Kinder nicht einig sind – häufig weil der Mann noch ein weiteres Kind möchte, die Frau aber nicht –, ist der einfache Zugang zu modernen Verhütungsmethoden besonders wichtig. Familienplanungsprogramme können durch Information, Beratung und kostenlose Verteilung oder subventionierten Verkauf den Zugang zu modernen Kontrazeptiva erheblich erleichtern. Da fast überall in der Dritten Welt ein ungedeckter Bedarf an Familienplanungsleistungen besteht, läßt sich das Bevölkerungswachstum auf diesem Weg bereits kurz- und mittelfristig verringern.

7.3 Erfolge der Familienplanung

In vielen Ländern der Welt gibt es heute recht erfolgreiche Familienplanungsprogramme. Sie ermöglichen fast 300 Millionen Paaren in der Dritten Welt die Anwendung wirkungsvoller Methoden der Geburtenplanung. Das sind fast 80 % jener 380–400 Millionen Paare, die in der Dritten Welt überhaupt Empfängnisverhütung betreiben. Weniger Unterstützung für diese Familienplanungsprogramme im Rahmen der Entwicklungshilfe würde unweigerlich zu einer Zunahme von ungewünschten Geburten, zu mehr Schwangerschaftsabbrüchen und zu höherem Bevölkerungswachstum führen.
Seit den 70er Jahren gehen die Kinderzahlen in Entwicklungsländern zurück, weil eine zunehmende Zahl von Paaren weniger Kinder wollen, und weil wirksame Verhütungs-

methoden verfügbar sind. Es ist nicht einfach, den Beitrag von Familienplanungsprogrammen zu dieser Entwicklung von anderen Einflußfaktoren, etwa der wirtschaftlichen und sozialen Entwicklung zu trennen.
Hinzu kommt: Familienplanungsprogramme in Entwicklungsländern hatten, wie andere Aktivitäten der Entwicklungshilfe auch, Rückschläge und Mißerfolge zu verzeichnen. So wurden z.B. Kontrazeptiva an Menschen verteilt, die sie nicht brauchten, weil sie sich schon bald ein weiteres Kind wünschten. Materielle Anreize für Mitarbeiter von Familienplanungsprogrammen führten in bestimmten Fällen zur Mißachtung des Prinzips der Freiwilligkeit. Einen großen Rückschlag für das Ansehen des indischen Familienplanungsprogrammes brachten Mitte der 70er Jahre Fälle von Zwangssterilisierung bei Männern und Frauen.
Weltweit haben Familienplanungsprogramme aus Fehlern und Fehlschlägen gelernt und ihre Ansätze weiterentwickelt. Heute versuchen sie, ihre Leistungen vor allem jenen Zielgruppen anzubieten, die ein klar erkennbares Interesse an Verhütung haben. Oft ist ein erheblicher Aufwand erforderlich, um diese Menschen in entlegenen Regionen zu erreichen und eine qualitativ gute Betreuung zu sichern. Viele Entwicklungsländer sind dabei auf finanzielle Unterstützung der reichen Industriestaaten angewiesen.

7.4 Neue Ansätze

Seit Jahrzehnten bewährt hat sich die Verknüpfung von medizinischer Betreuung für Mutter und Kind mit der Beratung zu Fragen und Möglichkeiten der Familienplanung. Entsprechende Betreuungseinrichtungen bestehen inzwischen in vielen Entwicklungsländern. Es hat sich jedoch gezeigt, daß sowohl junge Frauen ohne Kinder als auch Männer generell solche Einrichtungen kaum aufsuchen. Hinzu kommt ein zweites Problem. Der Ausbau von

Gesundheitseinrichtungen für Mutter und Kind konnte an vielen Orten mit den hohen Geburtenzahlen der letzten Jahre nicht Schritt halten. Verständlicherweise konzentrieren sich daher Ärzte, Hebammen und Krankenschwestern auf die jeweils dringendere Betreuung von werdenden Müttern, Neugeborenen und kranken Kinder. Das Familienplanungsangebot dieser Einrichtungen kommt dadurch oft zu kurz. Weitere ungewünschte Schwangerschaften sind die Folge. Deutlichster Hinweis darauf sind jährlich mehr als 30 Millionen Schwangerschaftsabbrüche.

Um den genannten Problemen zu begegnen, werden verstärkt nicht-klinische Formen des Angebots von Familienplanungsleistungen eingesetzt. Gemeindezentrierte Familienplanungsangebote *(Community Based Distribution)* gibt es heute in 50 Entwicklungsländern. Sie bauen auf freiwillige Helferinnen und Helfer, in der Mehrzahl auf Frauen, die für ihr Dorf ein Depot von oralen Kontrazeptiva und Kondomen verwalten und diese meist kostenlos verteilen. Zugleich beraten und informieren die Helferinnen und Helfer über Familienplanung sowohl auf Gemeindeversammlungen als auch von Tür zu Tür und im Freundes- und Bekanntenkreis. Sie werden in der Regel von ihren Gemeinden für diese Aufgabe ausgewählt und erhalten eine Schulung. Bisherige Erfahrungen bestätigen die Wirksamkeit dieser Form des Angebots von Familienplanungsleistungen.

Ein anderer Ansatz setzt auf den subventionierten Verkauf von Pille und Kondomen über kommerzielle Kanäle, d.h. in Drogerien, an Kiosken, in Lebensmittelgeschäften und in Restaurants *(Social Marketing)*. Dabei werden Mittel und Methoden der kommerzieller Werbung eingesetzt, um über diese Produkte zu informieren und sie zu vermarkten. Dieser Weg bewährt sich vor allem bei der Propagierung von Kondomen zur Verhütung von AIDS.

Ein relativ neuer Ansatz ist die ›Familienplanung am

Arbeitsplatz‹. Programme dieser Art unterstützen Firmen und Betriebe, die für ihre Mitarbeiter eine medizinische Basisversorgung und Familienplanungsleistungen anbieten.

7.5 Wachsender Bedarf und Entwicklungszusammenarbeit

Der Bedarf an Familienplanungsleistungen in der Dritten Welt wird in den nächsten Jahrzehnten stark wachsen – sowohl quantitativ als auch qualitativ. ›Quantitativ‹ wächst der Bedarf an Familienplanung zumindest im Tempo des Bevölkerungswachstums der jüngeren Vergangenheit. Die vor 15 Jahren geborenen Kinder kommen heute in das Alter, wo sie selber Kinder zeugen bzw. gebären können und ungewollte Schwangerschaften verhüten sollten. Auch in jenen Entwicklungsländern, die den Höhepunkt des Bevölkerungswachstums bereits überschritten haben, wird die Zahl der Paare im reproduktionsfähigen Alter noch eine Weile ansteigen. Ein weiterer Rückgang der Fruchtbarkeit – wie in den meisten Bevölkerungsprognosen erwartet – wird sich nicht von selber einstellen. Er erfordert

Abb. 9: Bedarf an Familienplanung

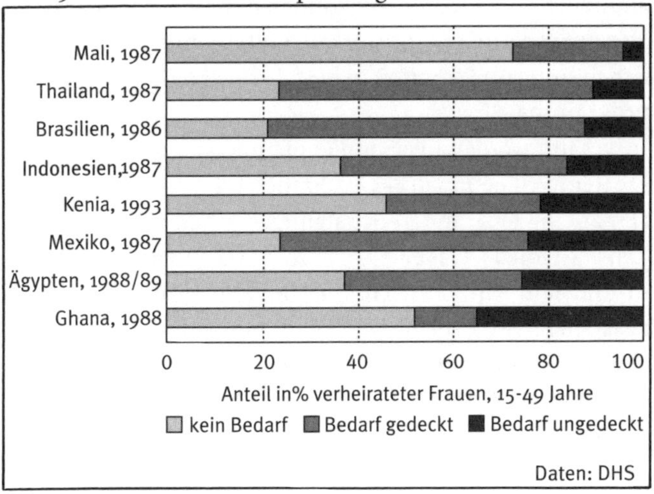

eine stärkere Verbreitung moderner Empfängnisverhütung. An Familienplanung in Entwicklungsländern werden in den nächsten Jahren auch ›qualitativ neue Anforderungen‹ gestellt. Nur eine qualitativ bessere Beratung über die Vor- und Nachteile der verschiedenen Verhütungsmethoden und über ihre Nebenwirkungen wird jene Personen erreichen, die bisher die Leistungen bestehender Programme nicht nutzten, obwohl sie im Prinzip Zugang dazu hätten. Eine verbesserte Beratung wird auch die Häufigkeit verringern, mit der die Verwendung bestimmter Methoden abgebrochen wird. AIDS zwingt dazu, die traditionellen Aufgaben von Familienplanungsprogrammen zu verändern. Es ergeben sich neue Anforderungen an die Schulung des Personals und auch an die Propagierung sicherer Methoden der Verhütung. Die Eindämmung von AIDS erfordert vor allem einen gravierenden Verhaltenswandel, den universellen Zugang zu Kondomen und die Behandlung anderer sexuell übertragbarer Krankheiten. Lokal operierende Familienplanungsprogramme haben oft gute Voraussetzungen, um einen Beitrag in dieser Richtung zu leisten. Sie werden dies jedoch nicht ohne zusätzliche Ressourcen tun können. Eine weitere qualitative Herausforderung ist die stärkere Einbeziehung von Jugendlichen und von Männern in bestehende Familienplanungsprogramme.

Insgesamt werden für Familienplanungsprogramme in der Dritten Welt heute ca. 4–5 Milliarden US-Dollar ausgegeben (Financing 1994; andere Schätzungen gehen bis zu 7 Milliarden US-Dollar). Das entspricht 10–15 US-Dollar pro Nutzer/in und Jahr. In den nächsten Jahrzehnten werden jedoch zusätzliche Mittel benötigt. Um die heutige Verbreitung von Kontrazeption und die heutige Qualität der Leistungen für die höheren Zahl von potentiellen Eltern im Jahr 2020 zu gewährleisten, müssen ca. 4,5 Milliarden US-Dollar zusätzlich aufgewendet werden. Wenn die mittlere Bevölkerungs-

prognose der UNO Realität werden soll, dann muß zusätzlich auch der Anteil jener Paare steigen, die Empfängnisverhütung betreiben. Das wird schätzungsweise weitere 5 Milliarden US-Dollar kosten. Wenn die Qualität der Beratung steigen und sich Familienplanungsprogramme in der Dritten Welt stärker in der Mutter-Kind-Betreuung und in der AIDS-Prävention engagieren sollen, dann wird dies im Jahr 2020 zusätzlich 6,5 Milliarden US-Dollar kosten. Somit kann man mit einer Erhöhung des nötigen Aufwandes auf 23 Milliarden US-Dollar pro Jahr rechnen. Dies ist eine sehr grobe Schätzung. Steigen die Einkommen in der Dritten Welt, dann kann ein zunehmender Teil der Paare die Kosten für Empfängnisverhütung selbst tragen. Die Ausdehnung der Familienplanungsprogramme wird möglicherweise die Kosten pro Paar reduzieren. Allerdings wird gerade die Einbeziehung bisher nicht erreichter Zielgruppen eine höhere Qualität und einen größeren Einsatz erfordern.
Indien, China, Indonesien, Süd-Korea und verschiedene andere Schwellenländer bringen den größten Teil der Kosten für Familienplanung selbst auf. In ärmeren Entwicklungsländern, insbesondere im subsaharischen Afrika spielt Hilfe von außen jedoch nach wie vor die wichtigste Rolle.
Während der 80er Jahre stieg die Hilfe der reichen Industriestaaten für Familienplanung in der Dritten Welt kaum. Anfang der 90er Jahre kam weltweit nur etwa 1% der gesamten Entwicklungshilfe der Familienplanung zugute. Am größten ist in diesem Bereich das Engagement der skandinavischen Ländern und der USA. Deutschland hat Bevölkerungspolitik seit den frühen 90er Jahren zu einem neuen Schwerpunkt seiner Entwicklungszusammenarbeit gemacht und seine Hilfe verstärkt. 1995 sollten 147,5 Millionen DM für die bilaterale Zusammenarbeit im Bereich von Bevölkerungs- und Familienplanungsprogrammen ausgegeben werden: Rund 2,4–2,7% der gesamten bilateralen Entwicklungshilfe

Deutschlands. Darüber hinaus beteiligte sich Deutschland 1995 mit 55 Millionen DM an der Arbeit des Bevölkerungsfonds der Vereinten Nationen (UNFPA) und der *International Planned Parenthood Federation* (IPPF).

8 Demographische Trends und Probleme in den Industriestaaten

Trotz aller Vielfalt wird die Bevölkerungsentwicklung in den meisten Industriestaaten durch dieselben Trends bestimmt: Durch niedrige Kinderzahlen, einen wachsenden Anteil alter Menschen und durch internationale Zuwanderung.

8.1 Weniger Kinder

Erste Gemeinsamkeit ist die gesunkene Kinderzahl. Auf den Baby-Boom der Nachkriegszeit folgten ab den 60er Jahren Geburtenrückgänge. Rumänien, Ungarn und die DDR vermochten diese Entwicklung Ende der 60er bzw. Mitte der 70er Jahre durch politische Maßnahmen für ein paar Jahre umzukehren. Ähnliches gilt für Schweden. Dauerhaften Erfolg hatte diese staatliche geburtenfördernde Politik allerdings nicht. In den meisten Ländern hat sich die Geburtenrate auf niedrigem Niveau eingependelt. In Mittel- und Osteuropa sank sie seit 1990 deutlich.
Weit über dem europäischen Durchschnitt (1,7 Kinder pro Frau) bewegt sich die Kinderzahl heute trotz sinkender Tendenz nur mehr in Albanien (1991: 2,8 Kinder) im benachbarten Kosovo (1991: 3,6) und auf Zypern (1992: 2,7). An der knapp über der ›magischen Schwelle‹ von 2,0 Kindern pro Frau liegen derzeit noch Moldawien (1992: 2,2), Malta (1993: 2,0), Mazedonien (1993: 2,1), Irland (1993: 1,9), Island (1993: 2,2) und Schweden (1994: 1,8). Überall sonst in Europa werden im Schnitt weniger Kinder zur Welt gebracht. Schlußlichter sind heute die bis vor einer Generation traditionell

kinderreichen südeuropäischen Länder Italien und Spanien (1993: 1,2 Kinder), sowie Deutschland (1993 west: 1,4, ost: 0,8) aber auch postkommunistische Reformstaaten wie Rußland und Slowenien (1,3), gefolgt von Estland, Rumänien, Griechenland und Kroatien (jeweils 1,4 Kinder), sowie von Bulgarien, Lettland, Österreich, Portugal und der Schweiz (jeweils 1,5 Kinder). In den USA liegt die durchschnittliche Kinderzahl bei 2,0, in Japan bei 1,5.

8.2 Steigende Lebenserwartung, zunehmende Alterung

Zweiter wichtiger Trend ist die steigende Lebenserwartung. In Westeuropa, Nordamerika und Japan waren die Zuwächse seit 1960 größer als in der östlichen Hälfte Europas und in der ehemaligen UdSSR. In diesem Zeitraum verbesserten sich die Überlebenschancen sowohl im Säuglingsalter als auch im Jugend- und Erwachsenenalter.

Insgesamt beträgt die durchschnittliche Lebenserwartung in Europa derzeit 74 Jahre. Frauen werden im Schnitt 79 Jahre alt, 6 Jahre mehr als 1960. Männer werden nur 72 Jahre alt, immerhin 5 Jahre mehr als 1960. Am ältesten werden die Menschen in Schweden, Norwegen, den Niederlanden, Frankreich, der Schweiz und Spanien. Ihre Lebenserwartung liegt derzeit (im Schnitt für beide Geschlechter) bei 77–78 Jahren. 10 Jahre früher müssen im Schnitt die Russen und Moldawier sterben (69 Jahre). Ähnlich niedrig ist die durchschnittliche Lebensspanne heute im angrenzenden Rumänien, im Baltikum und in Ungarn (70 Jahre).

Mit einer durchschnittlichen Lebenserwartung von 78 Jahren gehört Japan heute zur Spitzengruppe. Darunter liegen die USA und Westeuropa mit durchschnittlich 76 Jahren.

Gesunkene Kinderzahlen und die wachsende Lebenserwartung bewirken, daß die Bevölkerung der reichen Industriestaaten langfristig altert. 1960 waren rund 10 % aller Einwohner Europas über 65 Jahre alt. Derzeit sind es bereits 13 %.

Am weitesten fortgeschritten ist dieser Alterungsprozeß in Schweden, Norwegen und Großbritannien. Die relativ jüngste Bevölkerung haben hingegen Albanien, Mazedonien und Moldawien.
In naher Zukunft steht Europa ein Alterungsschub bevor. Die Zahl der über 65jährigen wird sich bis 2030 fast verdoppeln. Dann wird in den heutigen Industriestaaten rund ein Viertel aller Einwohner über 65 Jahre alt sein. Außerdem wird die geringe Kinderzahl in etlichen Ländern ein Schrumpfen der inländischen Wohnbevölkerung zur Folge haben. Dies bedeutet in Zukunft erhebliche Probleme der Finanzierung unserer Rentenversicherung und eine stärkere Belastung des Gesundheitssystems. Und für uns selbst stellt sich die Frage, was wir mit 15–25 Jahren Leben in der Rente alles anfangen wollen.

8.3 Migration nach Europa und Nordamerika

Auch bei der Migration gibt es Gemeinsamkeiten: Ab Mitte der 50er kehrten im Zuge der Entkolonialisierung zuerst ›weiße‹ Kolonisten, Beamte und Truppen nach Großbritannien, Frankreich, Belgien, in die Niederlande und später nach Portugal zurück. Ihnen folgten Einheimische aus den ehemaligen Überseegebieten. Die meisten von ihnen kamen als Arbeitskräfte.
Zweiter wichtiger Migrationsstrom war die Arbeitskräftewanderung aus der europäischen Peripherie (Ex-Jugoslawien, Türkei, Griechenland, Portugal). Denn nach der Integration von Vertriebenen und Kolonial-Heimkehrern begannen die stärker industrialisierten Länder Westeuropas, ihren zusätzlichen Bedarf an Arbeitskräften durch Anwerbung von Migranten aus dem Mittelmeerraum zu decken. Diese ›Gastarbeiter‹ sollten im Zielland nur für eine begrenzte Zeit tätig sein und dann wieder heimkehren (›Rotationsmodell‹).

In der ersten Hälfte der 70er Jahre veränderten das Nachrükken geburtenstarker Jahrgänge auf den Arbeitsmarkt und eine deutlich schlechtere Konjunktur die Lage. Auf die Krise nach dem ersten ›Erdöl-Preisschock‹ von 1973 reagierten die westeuropäischen Staaten mit einem Anwerbestopp und mit restriktiveren Zuzugsbestimmungen für die Bewohner ehemaliger Überseegebiete. Der Anwerbestopp hatte eine unerwartete, aber höchst folgenreiche Nebenwirkung. Er wurde von vielen Arbeitsmigranten als Signal zum Dableiben und zum Nachholen der eigenen Familie verstanden. Aus Migranten, auf die der Begriff ›Gastarbeiter‹ ursprünglich paßte, wurden Einwanderer.

Ein weiterer Typ von Massenmigration begann in den 50er Jahren als Flüchtlingsstrom aus Osteuropa und der Dritten Welt. Anfänglich spielten politische Gründe als Fluchtmotiv eine zentrale Rolle. Heute sind wir in viel größerem Umfang mit Armut, Krieg und ethnischen Konflikten als Wanderungsgründen konfrontiert.

In den frühen 50er Jahren war die Zahl der Ausländer in den meisten Staaten Europas relativ klein. Nur 1,3 % der Einwohner Westeuropas hatten damals einen fremden Paß; insgesamt 5,1 Millionen Personen.

In den frühen 90er Jahren betrug der Ausländeranteil in Westeuropa fast 5 %. Wichtigstes Zielland war und ist Deutschland mit 7 Millionen (1994) ausländischen Bürgern (= 8,6 % der Wohnbevölkerung). Dahinter kommen Frankreich (3,6 Millionen = 6,5 %), Großbritannien (1,9 Millionen = 3,7 %), die Schweiz (1,2 Millionen = 20 %) und Belgien (0,9 Millionen = 10 %). Insgesamt lebten 1994 rund 19 Millionen Ausländer legal in einem der Staaten Westeuropas. Viele von ihnen sind bereits im Zuwanderungsland zur Welt gekommen, besitzen aber nicht dessen Staatsbürgerschaft.

In der östlichen Hälfte Europas ist die Situation etwas anders. Dort führte die Gründung neuer Nationalstaaten seit 1991/92

dazu, daß Personen, die nicht zur jeweiligen Mehrheit gehören, in vielen Fällen nicht automatisch eingebürgert wurden. Sie wurden damit über Nacht zu Staatenlosen oder Ausländern im eigenen Land. Das betrifft zum Beispiel Russen im Baltikum, Roma in der Tschechischen Republik, Serben in Kroatien.
Im Gegensatz zu den Staaten Europas verstehen sich die USA, Kanada und Australien als Einwanderungsländer. Trotzdem ist dort die Zahl der Zuwanderer nicht wesentlich größer als diesseits des Atlantik. In den USA lebten Anfang der 90er Jahre 21 Millionen zugewanderte Personen (= 8 % der Wohnbevölkerung), in Kanada waren es 4,3 Millionen (= 17 %) und in Australien 3,9 Millionen (= 18 %).
Angesichts einer alternden und schrumpfenden einheimischen Bevölkerung erscheint Zuwanderung in vielen Ländern Europas zukünftig als ein Ausweg. Mittel- und langfristig werden Zuwanderer nach West- und Mitteleuropa in erster Linie aus der südlichen Hemisphäre kommen. Dies wird erhebliche Integrationprobleme erzeugen, die sich um so schlechter lösen lassen, je fremdenfeindlicher die Grundstimmung bei uns ist. Zugleich dürfen wir nicht erwarten, daß sich das Bevölkerungsproblem des Südens durch Auswanderung nach Europa und Nordamerika lösen läßt.

9 Auswege?

Die Zahl der Menschen auf unserem Planeten wächst. Und sie wächst zu schnell: Von 3 Milliarden im Jahr 1960 auf 6 Milliarden im Jahr 1998 und weiter auf voraussichtlich 10 Milliarden im Jahr 2050. Schon jetzt sind weltweit 600 Millionen Menschen arbeitslos und eine noch viel größere Zahl unterbeschäftigt, 800 Millionen Menschen sind unterernährt, eine Milliarde Menschen sind Analphabeten. Mindestens 1,3 Milliarden Menschen leben in absoluter Armut. Mehr als 60 % aller Erwachsenen sind durch keine Renten-, Kranken oder Unfallversicherung geschützt.

Die Unterschiede zwischen dem reichen Norden und dem armen Süden unserer Erde sind zu gravierend, als daß wir uns heute mit der bloßen Beschreibung der Weltbevölkerungsprobleme begnügen könnten. Wir müssen uns darüber klar sein, daß hohe Geburtenraten, arbeitslose ›Überschuß‹-Bevölkerungen und Hungerkatastrophen in der Regel Erscheinungsformen von Abhängigkeit, Unterentwicklung, ethnischen, politischen und militärischen Konflikten sowie von extremer sozialer Ungleichheit sind.
Schuld an der Armut der Dritten Welt trägt dabei nicht in erster Linie das Bevölkerungswachstum. Ebensowenig beruht der Reichtum der Industriestaaten Westeuropas und Nordamerikas auf den niedrigen Geburtenraten dieser Weltregionen. Dort aber, wo schon Armut herrscht, erschwert das Bevölkerungswachstum zweifellos den Kampf gegen die Not. Denn es überfordert die bestehende Infrastruktur, macht viele Gebiete der Dritten Welt noch abhängiger von Nahrungsmittelimporten und vergrößert damit die Zahl jener Menschen, die in Armut und Elend leben. Deshalb sind Entwicklungshilfe und Bevölkerungspolitik notwendig. Dies bedeutet mehr Geld, mehr praktische Hilfe, mehr Engagement für Aufklärung, Familienplanung und Kontrazeption. Praktische Hilfe kann sich jedoch nicht in der Forcierung von Familienplanung und Gesundheitsprogrammen erschöpfen. Sie muß zugleich die Lebensverhältnisse von Frauen gezielt verbessern. Und sie muß Formen von landwirtschaftlicher und gewerblicher Produktion unterstützen, die den Mitgliedern der betroffenen Gesellschaften Afrikas, Asiens und Lateinamerikas unmittelbar zugute kommen. Außerdem müssen wir unsere Märkte für Produkte aus der Dritten Welt stärker öffnen.
Wenn heute täglich Tausende Menschen verhungern, an Mangelkrankheiten sterben oder vor diesem Schicksal in die Slums der Großstädte flüchten, bedeutet dies, daß sie weder

genügend Nahrungsmittel für den Eigenbedarf noch sonst irgend etwas produzieren, was wir Europäer und Nordamerikaner ihnen im Tausch gegen unsere hochsubventionierten Agrarprodukte und unsere vergleichsweise teuren Industrieprodukte abnehmen würden. Selbst eine rasche industrielle Entwicklung des Südens muß nicht notwendigerweise etwas an der Asymmetrie der Tauschrelationen und an der extrem ungleichen Einkommensverteilung in Ländern der Dritten Welt ändern. Dies zeigt das Schicksal von Schwellenländern wie Brasilien.

Noch weniger vermag eine weltweite Industrialisierung beim derzeitigen Stand der Technik drohende Öko-Katastrophen abzuwenden. Im Gegenteil: Eine Welt, in der alle Menschen pro Kopf so viel Energie verbrauchten und Abfall produzierten wie die Europäer und US-Amerikaner von heute, wären dem globalen Kollaps um einige Schritte näher. Eben darin steckt das Dilemma. Denn gesellschaftliche Modernisierung und bessere Lebensverhältnisse sind die wichtigste Voraussetzung für den Wunsch nach weniger Kindern.

Bleibt ein einziger Ausweg: Wir müssen nicht bloß Hilfe leisten, sondern unseren eigenen Ressourcenverbrauch reduzieren, damit auch andere eine Chance auf mehr Wohlstand bekommen. Und wir müssen weltweit erheblich mehr dafür tun, damit Menschen, insbesondere Frauen über die Zahl eigener Kinder und den Zeitpunkt ihrer Geburt selbst bestimmen können.

Literatur

ARRIAGA, E. E.: The deceleration of the decline of mortality in LDC's: The case of Latin America. In: *International Population Conference 1981*. Solicited Papers, Bd. 2, Liège: IUSSP: Ordina, 1981

BALDEAUX, D.: *Bevölkerungspolitik der Entwicklungsländer. Beurteilung der Maßnahmen seit der Weltbevölkerungspolitik 1974*. Köln: Weltforum Verlag, 1985

BERICHT *der Regierung der Bundesrepublik Deutschland für die Internationale Konferenz für Bevölkerung und Entwicklung 1994*. Bonn: Bundesministerium des Inneren, 1994

BIRG, H.; *World Population Projections for the 21st Century*. FfM.-New York 1995

BONGAARTS, J.: Can the Growing Human Population Feed Itself? *Scientific American 270*(3), March 1994, S. 36–43

BONGAARTS, J.: Do Reproductive Intentions Matter? In: IRD/*Macro International* (Hrsg.): Proceedings of the Demographic and Health Surveys World Conference, Washington, D.C., Bd. 1, Columbia, MD, 1991, S. 223–248

BONGAARTS, J.: Population Policy Options in the Developing World. *Science 263*, 11 February 1994, S. 771–776

BONGAARTS, J.; R. G. POTTER: *Fertility, Biology and Behavior. Analysis of the proximate determinants*. New York: Academic Press, 1983

BUNDESINSTITUT FÜR BEVÖLKERUNGSFORSCHUNG (Hrsg.): Internationale Bevölkerungskonferenz 1984. Vorbereitung, Ablauf, Ergebnisse, Empfehlungen der Konferenz. *Materialien zur Bevölkerungswissenschaft*, Sonderheft 3. Wiesbaden: BIB, 1985

CALDWELL, J.C. : *Theory of Fertility Decline*, London-New York 1982

CHESNAIS, J.-C.: *The Demographic Transition. Stages, Patterns and Economic Implications*. Oxford: Clarendon Press, 1992

COALE, A.: The demographic transition reconsidered. In: *International Population Conference*, Liège: IUSSP, 1973
DEMENY, P.: Bevölkerung und die unsichtbare Hand. In: *Zeitschrift für Bevölkerungswissenschaft 4/1986*, S. 437–456
DOGAN, M.; J. D. KASARDA (Hrsg.) : The Metropolis Era. Bd. 1: *A World of Giant Cities*. Newbury Park-Beverly Hill London-New Delhi, 1988
DURAND, J.D.: *Historical Estimates of World Population: An Evaluation*. Philadelphia: University of Pennsylvania, Population Studies Center, 1974
FINANCING the future: *Meeting the demand for family planning*. Washington D.C.: Population Action International, 1994
HAUSER, J.: *Bevölkerungs- und Umweltprobleme der Dritten Welt*, 2 Bde., Bern-Stuttgart: Verlag Paul Haupt, 1991, 1993
KEYFITZ, N. and K. LINDAHL-KIESSLING: The World Population Debate: Urgency of the Problem In: F. Graham-Smith (Hrsg.), *Population the Complex Reality*, 1994, S. 21–51.
KHALATBARI, P. (Hrsg.): *Demographic Transition*. Berlin: Akademie-Verlag, 1983
LEISINGER, K.: *Hoffnung als Prinzip – Bevölkerungswachstum: Einblicke und Ausblicke*. Basel-Boston-Berlin: Birkhäuser Verlag, 1993
LONG-RANGE WORLD POPULATION PROJECTIONS. *Two Centuries of Population Growth, 1950–2150*. New York: UN, 1992
MÜNZ, R.: *Leben mit Kindern – Wunsch und Wirklichkeit*, Wien: Vlg. Deuticke, 1985
MÜNZ, R.; R. ULRICH: Bevölkerungswachstum und Familienplanung in Entwicklungsländern. Eine demographische Analyse. *Demographie aktuell Nr. 4*. Berlin: Humboldt Universität, 1994
OPITZ, P.J. (Hrsg.): *Weltprobleme* (4. erw. Aufl.), 1995
PARKER MAULDIN, W.; J. ROSS: Family Planning Programs:

Efforts and Results, 1982–89. *Studies in Family Planning 6/1991*
POPULATION REFERENCE BUREAU: *World Population Data Sheet 1993*, Washington, D.C. 1994
ROSS, J. (Hrsg.): *International Encyclopedia of Population*, 2 Bde., London: The Free Press, 1982
ROSS, J.; E. FRANKENBERG: *Findings from Two Decades of Family Planning Research*. New York: The Population Council, 1993
SADIK, N.: *The State of World Population 1994*. New York: United Nations 1994
SCHMID, J: Die demographische Falle: Bevölkerungswachstum in der Dritten Welt. *Universitas 4/1990*, S. 354–63
SIMON, J. L.: *The Ultimate Ressource*, Oxford 1981.
STEINMANN, G.; K. F. ZIMMERMANN; G. HEILIG: *Probleme und Chancen demographischer Entwicklung in der Dritten Welt.* Heidelberg-Berlin-New York: Springer 1988
ULRICH, R.: Ungedeckter Bedarf an Familienplanungsleistungen in Entwicklungsländern. *BIB Materialien zur Bevölkerungswissenschaft*, Heft 76. Wiesbaden: BIB, 1992
UN: *The Determinants and Consequences of Population Trends*, Bd. 1, New York: United Nations, 1973
UN: The Population Debate: Dimensions and Perspectives. *Papers of the World Population Conference Bukarest 1974*, 2 Bde., New York: United Nations, 1975
UN: *World Population Prospects 1992*, New York: United Nations, 1993 (a)
UN: *World Urbanization Prospects 1992*. Estimates and projections of urban and rural populations including urban agglomerations. New York: United Nations, 1993 (b)
UN: *World Population Prospects: The 1994 Revision*, New York: United Nations, 1994
WANDER, H. (Hrsg.): *Bedingungen und Möglichkeiten der Integrierung bevölkerungspolitischer Programme in die nationale und internationale Entwicklungspolitik*, Frankfurt/M.-

Bern-Cirencester 1980
WORLD BANK: *Social Indicators of Development.* Washington, D.C.: Weltbank, 1993
WORLD BANK: *Weltentwicklungsbericht 1984*, Washington, D.C.: Weltbank, 1984
WORLD POPULATION MONITORING REPORT *1991.* New York: United Nations, 1992

AutorInnen

Sabine Christiansen, geb. 1957, Journalistin

Dr. Uschi Eid, geb. 1949, MdB

Dr. Heiner Geißler, geb. 1930, Bundesminister a. D., MdB

Dr. Helga Henselder-Barzel, geb. 1940, Vorstandsvorsitzende der Deutschen Welthungerhilfe

Prof. Dr. Franz Kamphaus, geb. 1932, Bischof von Limburg

Dr. Siegfried Lenz, geb. 1926, Schriftsteller

Dr. Angela Merkel, geb. 1954, MdB, Bundesministerin für Umwelt, Naturschutz und Reaktorsicherheit

Prof. Dr. Rainer Münz, geb. 1954, Professor für Bevölkerungswissenschaften an der Humboldt-Universität Berlin

Christa Randzio-Plath, geb. 1940, MdEP, Vorsitzende des Marie-Schlei-Vereins

Dr. Nafis Sadik, geb. 1929, Executive Director of the United Nations Population Fund (UNFPA)

Helmut Schmidt, geb. 1918, Bundeskanzler von 1974 bis 1982

Gerhard Schröder, geb. 1944, Niedersächsischer Ministerpräsident

Rolf Seelmann-Eggebert, geb. 1937, Chefkorrespondent NDR Fernsehen

Prof. Heinz Sielmann, geb 1917, Naturfilmer und Forscher

Prof. Dr. Rita Süssmuth, geb. 1937, MdB, Präsidentin des Deutschen Bundestages

Prof. Dr. Klaus Töpfer, geb. 1938, MdB, Bundesminister für Raumordnung, Bauwesen und Städtebau

Dr. Ralf E. Ulrich, geb. 1954, Mitarbeiter am Lehrstuhl Bevölkerungswissenschaft der Humboldt-Universität Berlin

Günter Verheugen, geb. 1944, Journalist, MdB

Prof. Dr. Ernst U. von Weizsäcker, geb. 1939, Präsident des Wuppertal Instituts für Klima, Umwelt, Energie